KB263108

왜
동물원이
문제일까?

10대에게 들려주는
동물원 이야기

전채은 지음

왜
동물원이
문제일까?

반니

"동물을 대하는 태도를 보면 그 사람의 본성을 판단할 수 있다."

– 임마누엘 칸트

사람은 일생동안 세 번 동물원을 간다는 말이 있다. 어릴 적 소풍으로, 연인과 데이트하러, 그리고 마지막은 결혼 후 아이와 함께. 나는 세 번째 동물원을 방문했을 때 동물원에 있는 동물들을 위해 일생을 바치기로 결심했다.

동물원에 대한 첫 번째 기억은 초등학교 소풍이었다. 코끼리 전시관 앞에서 단체사진을 찍었는데, 그때 내 기억 속의 코끼리는 냄새 나고 덩치 큰 동물이었다. 두 번째 동물원 방문은 대학교 때였다. 실내에 들어가 앉아 있는 코끼리를 보았다. 시멘트로 만들어진 좁은 전시관 안에서 본 코끼리는 '그냥' 코끼리였다. 그 당시 나는 동물들의 삶에 대해서는 깊이 생각해 본 적도 없고 관심도 없었다.

그 후 오랜 시간이 지나 우연히 집에서 개를 키우게 되었다. 동물과 함께 살고 교감하면서 동물이 사람과 많은 면에서 다르지 않다는 사실을 깨닫게 되었다. 나는 동물에 대해 더 알고 싶어서 다시 동물원을 찾았다. 그곳이 동물을 사랑하는 사람들이 가는 곳이라고 믿었기 때문이다.

하지만 나는 시멘트 바닥에 무료한 표정으로 앉아 있는 동물들을 보며 충격을 받았다. 내 시각은 이미 많이 달라져 있던 것이다. 저 동물들은 과연 행복할까? 나는 박물관의 표본처럼 철창 안에 갇혀 있는 동물들에게 공감하기 시작했다. 동물을 구경하는 다른 사람들의 생각도 궁금해졌다. 동물원은 언제, 왜 만들어졌을까? 지금과 같은 동물원의 동물 전시 방법이 최선일까? 동물들을 가둔 사회와 문화에도 의문을 품게 되었다.

동물원 산업이 전 세계적으로 발전해온 역사를 찾아보았다. 동물원은 누군가에게 돈벌이가 되었고 그 숫자는 계속 늘어났으며 다양해졌고 규모도 점점 거대해졌다. 동물원은 동물에 대한 사람들의 기대와 환상을 업고 인류의 역사와 맥을 같이하고 있었다. 동물원이 동물을 보유한 목적은 시대마다 달랐다. 때로는 자신의 능력을 과시하기 위해서, 때로는 연구를 위해서, 때로는 돈벌이를 위해서 동물을 가둬 놓았다. 동물원이 만들어진 역사는 한마디로 잔인한 포획과 사냥의 역사였다. 동물 중 일부는 그 과정에서 멸종했으며 일부는 평생 고통스러운 삶을 살았다. 과연 인간이 동물한테 이런 대접을 해도 되는 걸까?

근대 동물원의 역사는 200여 년이 되었다. 근대 사회 이후 세계 각지에 동물원, 수족관, 새 공원, 사파리 등 다양하고 전문화된 기관들이 늘어났다. 이들을 모두 통틀어 동물원(zoo)이라고 부른다. 그런데 이 시기는 아이러니하게도 생물학과 동물학이 눈에 띄게 발전하고 생태계가 급속도로 파괴되기 시작한 시기이기도 하다.

많은 아이에게 동물원은 꿈의 공간이었다. 아이들이 가지는 동물에 대한 애정은 매우 크다. 근대 이후 만들어진 동화와 만화, 아이들이 주로 즐기는 문화 콘텐츠 안에는 동물을 사람처럼 의인화한 것이 많다. 아이들이 부모와 동물이 전시된 곳에 가는 것은 현대 사회의 공통된 문화로 자리 잡았다. 현재 전 세계적으로 동물원은 약 만여 개 정도 되며 매년 적어도 세계 인구의 10%인 6억 명 정도가 동물원을 방문한다. 따라서 동물원에서의 경험이 한 사람의 가치관과 인식에 미치는 영향은 결코 적지 않다.

아이들이 인생에서 동물을 만나는 최초의 공간이 동물원이라면 동물원은 공적 성격을 가진 장소라고 할 수 있다. 동물을 대하는 기본적인 인식이 만들어지는 곳이기 때문이다. 아이들이 건강하지 않은 모습으로 비좁은 공간에 방치된 동물을 보게 된다면 자연스레 '동물이 인간보다 못한 존재'라고 생각하게 될 것이다. 우리 생태계를 보전하고 생명의 존엄성을 실현해 동물과 인간이 평화롭게 공존하는 세상을 만드는 것은 동물원이 앞으로 어떤 공간이 될지에 달렸다.

차례

ZOO

1.
동물원은
왜
만들어졌을까?

동물원은

승리의 상징, 동물원

　동물원이란 근대에 등장한 개념이다. 하지만 인류의 역사가 시작된 이후 동물을 생업에 이용하는 습관과 문화는 지속적으로 존재했다. 사냥을 해서 식량을 구했고 그 가죽과 털로 옷을 지어 입었다. 농경사회가 되면서 동물을 길들여 가축으로 길렀고, 그 덕에 고기와 우유와 가죽을 얻는 일은 쉬워졌다.

　농경사회가 되면서 정치권력이 생겼고, 높은 계급을 가진 사람들은 자신의 권력을 빛나게 해줄 소장품을 챙기기 시작했다. 다른 나라를 침입하고 정복한 이후 그 나라에만 있는 야생동물을 잡아와 자신들의 성안에 전시하곤 했는데, 이것이 동물 전시의 시작이었다. 마케도니아의 알렉산드로스 대왕은 세계정복을 끝낸 후 진귀한 동물들을 자기 나라로 데려왔고 그의 스승 아리스토텔레스는 이 동물들을 관찰하면서 동물분류학의 기초를 만들었다.

로마제국 시대에는 대규모로 동물을 수집하는 데 그치지 않았다. 로마의 원형경기장 콜로세움에서는 1000여 개의 동물공연이 이루어졌다. 검투사와 동물이 싸우는 자극적인 쇼와 동물 대 동물의 싸움도 유행했다. 폼페이 제독은 사자 600마리와 코끼리 18마리가 경기장에서 서로 싸우는 쇼를 펼쳤다고 전해진다. 이런 동물 싸움을 위해서 아프리카와 아시아에서 많은 동물이 포획되어 운송되었다. 이로써 야생동물을 거래하는 일이 대형 산업으로 성장하기 시작했다. 황제와 권력자들은 어마어마한 숫자의 동물을 소유했다.

18세기 유럽에서는 코뿔소와 함께 떠돌아다니는 유랑단이 인기를 끌기도 했다. 전 세계 여러 지방의 동물을 포획하고 전시해 이를 사람들에게 공개하는 형태의 근대적 동물원의 시초는 1752년 오스트리아 빈에 설립된 쇤부른 동물원이었다. 마리아 테레지아의 남편 로트링겐 공은 아프리카를 여행하며 수집한 동물을 궁전에 모았고 이 동물들은 1765년 대중에게 처음 공개되었다. 1828년 런던 동물원이 개원한 이후 베를린, 암스테르담, 뉴욕, 워싱턴 등 유럽과 미국의 많은 대도시에 유사한 형태의 동물원이 연이어 문을 열었다. 이른바 근대적 동물원의 탄생이었다. 근대적 동물원이 단순히 동물

장 레옹 제롬, 〈물러서는 사자들 *The Retreating Lions*〉, 19세기. 프랑스

포획과 전시만 한 것은 아니었다. 1828년 런던 동물원은 동물원협회의 주도로 문을 열었고 동물원이 학술 연구의 중심이 되기 시작했다.

부르주아의 오락거리

　19세기는 시민혁명의 결과로 부르주아라고 불리는 중산 시민계급이 봉건귀족 신분제도를 없애고 새로운 지배층으로 등장한 시대였다. 이들은 산업혁명을 일으켰고 시대는 대중사회를 표방했으며 공공성에 기반을 둔 새로운 대중오락을 필요로 했다. 더 이상 오락은 일부 귀족들의 전유물이 아니었다. 또 19세기는 자연사와 과학의 가치가 높이 평가되는 시대였다. 자연에 대한 관심은 자연에 대한 탐구와 연구로 이어졌다. 유럽의 과학자들은 전 세계의 동물과 식물을 들여와 관찰하고 분류했다. 식물과 동물의 계통학 체계가 만들어지는 박물학이 점점 발전했다.

　새로운 사회계층인 시민은 가족 단위의 오락에 관심이 많았다. 농촌을 기반으로 한 경제 공동체가 무너지고 인구는 도시에 집중되었다. 친족 공동체가 약화되고 핵가족이 늘었다. 산업혁명으로 기계가 발명되고 물자가 풍족해지면서 사람들은 자연스럽게 사회가 발전하고 있고 역사는 진보한다는 생각이 퍼져갔다. 자본주의의 발전에 따라 생산력이 늘었고 자본은 축적되었다. 새로운 원료를 확보할 곳이 필요했고, 축적된 자본을 투자할 지역도 필요했다. 제국주의는 그렇게 탄생했다. 제국주의가 개척한 식민지는 대부분 아시아와 아프리카였다. 풍부한 광물과 철광석, 천연자원, 인력이 있었다. 또한 야생동물이 있었다. 동물은 먹을거리이기도 했고 가죽이나 모피 등의 의복 재료이기도 했으며 애완용, 전시용으로도 찾기 시작했다. 그들은 이 낯선 동물들을 접하는 것이 진보의 증거라 믿었다.

시민사회

유럽에서 18~19세기에 성립한 사회를 경제적으로는 자본주의, 정치적으로는 민주주의라고 부르며, 사회적으로는 시민사회라고 부른다. 교회의 권위, 봉건적 신분사회와 구분해 개인의 자유와 권리사상을 바탕으로 성립한 사회를 의미한다.

식민지의 전리품

19세기 전반에 걸쳐 아시아와 아프리카에서 많은 동물이 포획되어 유럽으로 왔다. 유럽 시민들은 전 세계에서 온 신기한 동물에 열광했다. 코끼리와 코뿔소, 기린 등은 유럽의 시민들이 볼 수 없었던 진기한 동물이었다. 가족들끼리 여유롭게 전시관 앞을 거닐거나 연인이 데이트를 하면서 코끼리에게 먹이를 주는 장면은 19세기 미술품에 등장하는 동물 공원의 대표적인 장면이었다. 진귀한 동물을 포획해 소유하게 되었다는 것은 유럽인들에게 유럽 제국주의의 승리이자 자연에 대한 지배를 의미했다.

19세기 중반에서 제1차 세계 대전 시점까지 대략 50년간 아시아와 아프리카 식민지에서 동물을 포획해 사고파는 사업이 빠르게 성장했다. 동물들은 서커스에 동원되었고 동물 공원에 전시되었으나 이 과정은 아름답지 않았다. 포획의 방법은 잔인했다. 단독생활을 하는 동물의 경우 생포를 위해 덫을 놓기도 했고 코끼리 같은 대형 포유류는 어미를 죽이고 새끼를 사로잡는 방법이 동원되었다. 사냥 과정에서 다치거나 죽는 사례도 많았으며, 포획된 동물들이 무사히 유럽행 기차에 오른다 해도 운송과정에서 질병 등으로 죽는 경우가 허다했다. 당시 포획자의 모든 관심은 최대한 빨리 효율적으로 사냥을 끝내는 것이었지 동물의 건강상태와 안전은 고려 대상이 아니었다. 사냥꾼들은 엄마 코끼리의 사체 위에서 기념사진을 찍었다. 혹독한 자연과 싸운 사냥꾼의 용맹성을 자랑하는 기념사진이었다. 그러나 잔혹한 사냥을 비판하는 여론 역시 컸다. 그리고 사냥의 상업화가 결국 동물의 개체 수를 급격히 감소시킨다는 주장을 내놓는

코디악 곰을 사냥한 모습, 1957년.

사람들도 많았다. 그들의 주장은 이랬다.

'대부분의 사냥은 잔인하고 무의미한 희생을 만들어내고 있다. 이런 방법 외에도 다른 방법이 있다. 새끼를 잡기 위해 어미를 죽이는 것은 스포츠맨 정신에 어긋나는 일이며, 궁극적으로 야생동물을 다치지 않고 산 채로 잘 보살펴줌으로써 그들이 동물 공원에서 오래 지내면 과학과 공공교육 발전에 기여하게 할 수 있다.'

야생동물을 잔인하게 다루지 않고 유럽으로 잘 데리고 오면 아이들의 교육에도 기여할 수 있고 과학 연구에도 좋다는 시각이었다. 동물원의 존재 이유와 가치를 뒷받침하는 주장이었다.

동물 전시에서 사람 전시까지

19세기 말이 되자 동물 전시와 동물공연 등 동물 관련 산업은 사람 전시로까지 발전했다. 신기한 동물을 전시한다는 생각은 인간이 다른 인종을 구경거리로 삼을 수 있다는 오만한 생각에까지 다다랐던 것이다. 그 '신기한 동물'이 다른 나라 사람들에게 전시되고 구경거리가 되기까지의 모든 과정은 폭력적이었다. 유럽이나 미국은 백인 중심 사회였다. 그들은 동물을 구경하는 것에 만족하지 않았다. 외국인, 특히 아시아와 아프리카의 소수민족들을 데려와 전시하고 구경한다는 발상은 백인들이 소수민족을 자신들보다 낮은 위치에 있다고 생각했기 때문이다.

사람을 전시하게 된 배경은 무엇일까. 19세기 말이 되자 동물 공원의 숫자가 많아지고 거래상들의 경쟁이 치열해졌다. 동물 구매 비용이 상승하고 시장에서 팔리는 동물의 숫자도 늘어났다. 또한 동물 공원이 보유하고 있는 동물들의 생존율도 늘어났다. 포획하고 운송하고 전시하는 과정에서 죽는 동물의 숫자가 점점 줄어들게 된 것이다.

동물들의 숫자가 늘어나 확보한 동물이 과잉이 되자 동물거래상들은 다른 사업을 구상해야 했다. 1875년 순록 떼를 모는 라플란드인 가족이 전시된 것을 시점으로 여러 원주민 집단이 유럽에 등장했다. 사람 전시를 주도한 것은 독일 함부르크 출신의 동물 상인 하겐베크였다. 하겐베크의 아버지는 1848년 그물에 걸린 물개를 인어로 속여 소개하며 쇼를 진행하기도 했다. 하겐베크 역시 19세기 중반부터 세계 각국에서 동물을 포획해 장사를 했다. 하겐베크는 그 후 그린란드, 태평양 군도의 원주민 등 다양한 지역에서 사는 원주민들을 데려왔다. 이들은 가족 단위로 생활했고 야생과 자연에서의 삶 그대로를 재현했다. 유럽에서 볼 수 없는 이런 광경을 구경하기 위해 많은 시민이 몰렸다. 사람이 구경거리가 된 것이다.

하겐베크는 이것을 '자연 그대로의 야생이 살아 있는 민족지적

칼 하겐베크 Carl Hagenbeck 

1844년 독일 함부르크 태생의 동물 사업가이며, 1866년부터 아버지를 따라 동물거래 상업을 시작했고 이를 국제적인 규모로 발전시켰다. 1907년 하겐베크가 직접 고안해 만든 하겐베크 동물원은 철창에 동물을 가두던 기존의 전시법이 아닌 '파노라마 전시' 방법으로, 동물을 한 장소에 생활하게 하되 각 서식지에 해자를 만들어 서로 섞이지 못하게 하는 방식이었다. 관람객에게는 해자가 보이지 않기 때문에 마치 여러 종의 동물이 야생에서 함께 어울려 생활하는 것처럼 보이게 만드는 효과가 있다. 이런 방식의 전시 기법은 20세기 이후에도 여러 동물원에서 꾸준히 시도되고 있다.

'성과'라고 선전했고 인간 전시는 당시 유럽의 인류학자들의 도움으로 더욱 흥행했다. 인류학자의 입장에서 인간 전시는 인위적인 쇼를 위한 속임수가 아니라 '진짜' 원주민을 관찰할 기회였기 때문이다. 당시 인류학자들은 유럽의 공원 내 전시된 원주민들을 관찰하며 종족별 형태학적 특성을 구분했다. 그러나 이것은 인간의 신체적 특성만 비교 분석한 것에 불과해, 인종주의적 사고에 기반을 둔

민족지

문화인류학의 한 분야로 민족학의 연구를 위한 기초자료를 제공하기 위해 만들어진 민족학의 일종이다. 여러 지역에서 사는 사람들의 의식주, 사회조직, 문화적 특징을 기술하는 역할을 했다.

칼 하겐베크와 그의 사자들.

것이 아니냐는 주장도 생겼다. 인간 전시를 합리화하기 위해 여러 과학적 이유가 등장했지만, 인간 전시는 대중의 즐거움을 위한 측면이 훨씬 강했다. 사람들은 쇼에 동원된 원주민들을 구경하고 만지거나 찔러보기도 했다. 과학 연구라는 명목으로 연구자들은 원주민들의 나체 사진을 공유하기도 했다.

문제는 '누구는 보는 주체이고 누구는 보이는 대상이 되느냐'는 것이었다. 보는 자는 서구인이었고 보이는 자는 아시아, 아프리카의 원주민이었다. 사람 전시에서 보는 주체와 전시되는 대상은 서로 평등할 수 없었다. 서구인은 우월하고 아시아, 아프리카인은 열등하다는 생각이 깔려 있었다. 인간 전시가 사라진 것은 20세기 들어 본격적으로 시작된 원주민들의 반항 때문이었다. 전시된 원주민들은 차츰 서구인의 말을 배웠고 문화를 익혔다. 서로 언어가 통하게 되자 누군가를 위해 전시되기를 거부했다. 결국 인간 전시는 사

인종주의 racism

인종의 특성에 따라 불평등한 관계를 만들어 이를 합리화하는 사고방식을 의미한다. 인종주의는 한 국가가 다른 국가나 민족을 지배하는 행위를 정당화하는 데 주로 쓰였고, 나치스가 주장한 아리안 인종론이 대표적이다. 과학적으로 각 인종의 유전적 차이와 정신적 능력 사이에 필연적 연관성이 없기 때문에 인종주의는 비과학적인 편견에 불과하다는 것이 정설이다.

1958년 벨기에 박람회에 마련된 콩고 마을. 방문객들이 나무 울타리 뒤에서
한 아프리카 소녀를 신기한 듯 관람하고 있다.

라졌다. 인종에 대한 전시, 관찰, 연구는 인종주의적 시각으로 이용된다는 비판이 지속적으로 제기되었기 때문이다. 또한 이 시기에 사진과 영화의 인기가 높아지면서 인간 전시의 인기는 점점 줄어들었다.

환상의 테마파크

동물원도 변화하기 시작했다. 하겐베크는 인위적인 재질로 만든 좁은 철창에 동물을 가두는 것이 아니라 자연을 완벽하게 재현한 새로운 서식지에 동물을 전시하고 싶어 했다. 1907년 개장한 하겐베크 동물원은 마치 동물들이 자연스럽게 살고 있는 모습처럼 꾸며졌다. 아프리카 정글, 스텝, 미국의 평원, 북극 등을 재현한 전시관이 만들어졌다. 이런 방식의 전시 형태는 현대 동물원의 몰입형 전시로 이어졌다.

하겐베크는 아프리카로부터 동물을 포획하고 수입해 이윤을 얻고 동물공연 산업을 확장시켰다. 그러나 동시에 딱딱한 철창으로 이루어진 동물 감옥에서 동물을 어느 정도 해방시키고, 서커스 공연의 훈련에서 채찍을 없애고 먹이를 통한 훈련을 도입하기도 했다.

하겐베크가 꿈꾼 환상은 동물과 사람이 함께 어울려 살아가는 세계였다. 그러나 하겐베크 동물원은 근대 동물원이 가진 많은 문제를 해결하지 못했다. 동물이 포획되어 오는 과정은 여전히 잔인했고 인위적인 공간 내에서 사육되는 야생동물의 건강 악화 문제는 지속적으로 제기되었다. 20세기 전반에 걸쳐 동물의 복지와 권리에 관한 논쟁은 계속되었고, 동물원 역시 이 논란에서 예외일 수 없었다.

몰입형 전시 Immersion Exhibition 

몰입 전시관은 방문객이 동물과 함께 야생의 서식지에 있다고 느낄 수 있도록 의도된 전시관을 말한다. 몰입형 전시관에 들어가면 사람들은 스피커로 새 소리 같은 동물의 소리를 듣고 진짜 야생에 왔다는 착각을 하게 된다. 그러나 몰입형 전시관 자체가 동물의 복지를 향상시킨 것은 아니다.

ZOO

2.

동물원 안에서는 어떤 일이 벌어질까?

동물원의 하루

현대 동물원의 역사는 200년이 넘었다. 최초의 동물원이 설립되고 난 후 포획된 동물들은 여러 세대 동안 새로운 동물들을 낳았다. 이 때문에 동물원에 있는 대부분의 동물들은 동물원이 고향이다. 야생에서 태어나 동물원으로 들어온 동물은 이제 아주 극히 일부에 불과하다. 동물원에서 아기 동물이 태어날 때 사육사들은 가장 분주해진다. 어미가 스트레스를 받기 때문에 극히 행동을 조심한다. 어미가 건강하고 환경이 괜찮은 경우는 어미가 새끼를 잘 돌볼 수 있도록 해주지만 어미가 새끼를 돌보지 않는 일도 간혹 있다. 이런 경우 사육사들이 별도의 공간에서 인공 포육을 실시한다.

동물들 무리 중에 수명이 다해 죽게 되고 남아 있는 동물이 없어 짝을 이루지 못하게 되면 다른 동물원과 교환하는 방식으로 동물들을 들여온다. 서울대공원 동물원 같은 체계를 갖춘 동물원은 세계동물원수족관협회(WAZA)에 속해 있어 다른 나라의 동물원과 협의하에 필요한 동물을 들여오기도 한다. 동물원 동물 중 멸종 위기종은 상업적 거래가 엄격히 금지되어 있다.

동물원의 동물이 사는 집은 밤에 쉴 수 있는 실내 전시관과 낮에 운동하고 햇볕을 쬐며 관람객들에게 전시되는 실외 전시관으로 나뉜다. 물론 실내에서만 지내도 큰 무리가 없는 동물들도 있다. 또한 물속에서만 살아가는 해양 동물도 있다. 동물에 따라 환경은 다르지만 사람들에게 보이는 곳과 홀로 쉴 공간은 따로 있다.

동물과 동물원을 돌보는 사람들 

동물들을 직접 돌보는 사람들을 사육사라고 한다. 육상 동물 위주의 사육사를 주 키퍼(zoo keeper)라고 하고 해양 동물 사육사를 아쿠아리스트라고 부른다.

사육사는 아침 7시에서 8시면 출근해 동물을 관찰하고 동물 우리를 청소한다. 그리고 식사 준비를 한다. 동물에게 제공되는 음식은 종별 특성에 맞게 준비하는데, 음식은 그 종이 살던 자연 서식지에서 생산되는 것을 주는 것이 원칙이다. 그러나 사실상 이것이 불가능하기 때문에 적절한 영양분이 들어간 배합사료와 과일 그리고 육식동물의 경우 육류로 된 음식을 제공한다. 사육사가 각 동물 우리를 돌면서 음식을 주는데 이 음식은 각각의 동물에게 필요한 영양분이 적절하게 배합된 식단으로 구성되고 동물원의 전문 영양사가 미리 준비한다.

아쿠아리스트의 아침도 일찍 시작한다. 출근 후 바로 수온과 수질, 생물의 상태를 체크하고 당일 관람객과의 이벤트를 준비한다. 9시 정도가 되면 동물들의 먹이를 준비하고 수조를 청소한다. 청소 후에도 수온과 수질을 점검한다. 거북이 같은 생물의 목욕을 시키는 것도 아쿠아리스트의 몫이다. 목욕을 시키면서 건강 상태를 체크한다.

사육사는 청소를 하고 먹이를 주는 과정에서 동물들을 관찰한다. 이상 행동이 없는지 관찰한 후 위급상황이 생기면 수의사에게 바로 연락한다. 그 외의 사항은 매일 관찰일지에 동물의 행동이나 특별한 사항을 기록한다. 사육사의 기록과 관찰을 토대로 정기적으로 수의사와 관리자가 회의해 동물원 환경의 개선사항을 논의한다.

사육사와 수의사는 동물과 관련한 다양한 프로그램 기획에 함께 참여한다. 사육사는 동물들이 전시관에서 무료함을 느끼지 않도록

어미 대신 사육사의 도움으로 우유를 먹고 있는 새끼 호랑이.

다양한 놀잇감을 넣어준다. 수의사는 동물의 행동을 관찰하는 동시에 질병이 발생할 여지가 있는지 지속적으로 관찰한다. 사육사는 동물을 가장 가까이에서 관찰하는 실무자이기 때문에 수의사가 기획하는 프로그램을 각 동물의 특성에 맞는 방식으로 구성하고, 동물들의 훈련을 돕는 역할을 한다.

전시 환경을 서식지와 가장 가깝게 조성하는 일에도 사육사와 수의사가 함께 참여한다. 수의사는 전 세계 동물원의 다양한 경험을 바탕으로 각 종의 특성에 맞는 환경 조성 계획을 세운다. 동물원 전시 환경은 동물이 안전하고 편안하게 살 수 있도록 만들어져야 하고 질병 발생을 최소한으로 해 동물이 건강할 수 있도록 만들어져야 한다. 사육사는 각 동물의 성격에 맞게 이를 재구성하고 실제로 동물이 전시환경에서 어떻게 적응해 나가는지 관찰한다.

아이들이 병원에 가는 것을 싫어하듯이 훈련이 잘 되어 있지 않은 동물들은 수의사의 진료에 스트레스를 받는다. 사람처럼 동물들도 정기적인 진료가 필요한데, 수의사가 동물들 가까이에서 피를 뽑고 몸무게를 재고 치아를 관찰하기 위해서는 동물은 사육사와 정기적으로 전시 환경에 적응하는 훈련을 받아야 한다.

수의사는 사육사와 함께 동물들을 검진한 후 다치고 아픈 동물을 진료하는 역할을 한다. 그러나 동물원 수의사들이 개나 고양이보다 동물원의 아픈 동물을 진료하는 비율은 높지 않다. 이것은 동물

원에 사는 동물들 중에 야생동물이 많기 때문이다. 야생동물은 야생에서 포식자의 공격을 피하기 위해 질병을 숨기고자 하는 습성이 있어 임상 증상이 늦게 나타난다. 따라서 수의사는 예방의학에 대한 전문적 식견을 갖춰야 한다. 수의사는 동물원과 수족관의 질병 모니터링을 하고 백신 접종, 기생충 구제에 대한 계획을 세운다. 동물원과 수족관은 많은 동물이 모여 사는 곳인 동시에 많은 사람들이 방문하는 곳이다. 질병의 감염이 쉽다는 의미다. 수의사는 질병에 걸린 동물을 치료하는 동시에 혹시라도 폐사하는 동물이 생기면 원인을 살피기 위해 부검을 진행하기도 한다. 부검을 통해 질병의 원인을 연구하는 것도 수의사의 임무다. 동물원과 수족관 내에 연구기관이 별도로 있지 않은 경우에는 지역의 대학이나 연구소와 협업하기도 한다.

큐레이터는 동물원과 수족관의 전시 계획을 세우는 전문가를 의미한다. 어떤 동물을 도입하고 어떤 동물을 전시할 것인가 등의 계획을 세운다. 주로 수의사나 동물전문 학위가 있는 사람들이 맡는다. 큐레이터는 전국의 동물원, 수족관의 현황뿐 아니라 서구 선진국의 동물원, 수족관 현황과 복지 기준도 알아야 한다.

교육은 동물원과 수족관에서 진행하는 가장 중요한 분야 중 하나이다. 관람객들에게 동물을 관람하는 올바른 방법을 알려주고, 동물 보호 교육과 생태계 보전 교육을 받기 위해 방문하는 학생들에게 강의를 진행하기도 한다.

　동물원을 방문하는 사람들은 동물을 보기도 하지만 가족들과 편안한 휴식을 취하고 싶어 한다. 동물원이 공원과 함께 만들어진 것은 우연이 아니다. 관람객이 편안한 느낌을 주도록 적절한 조경을 맞추는 것도 중요하다. 이런 의미에서 동물원에는 조경 전문가가 있다. 식물원과 정원을 잘 조성할 필요도 있고 생태계의 순환을 보여주기 위해 적절한 식생도 갖춘다. 동물 전시관 안에 식생을 심었을 경우 동물들이 훼손하는 경우가 있다. 식생 관리자는 이를 감안해 훼손된 나무나 풀이 동물에게 해를 끼치지 않게 하도록 정기적으로 식생을 바꿔준다.

　동물원과 수족관에는 동물들에게 줄 먹이를 저장하는 냉장·냉동 시설, 수조탱크, 전기시설, 냉방시설 등이 있다. 동물이 드나드는 문과 관람객과 동물 사이의 펜스를 수시로 살피고 청소 후 물이 잘 내려가도록 배수구를 정비하며 사료 저장창고 등의 시설을 관리하는 직원이 있다. 이들은 시설물을 관리하고 전시관 내에 동물들이 다칠 가능성이 발견되면 전시관 안을 수리한다.

　서울대공원에는 국내 최초로 종 복원 연구실이 설립되었다. 서울대공원은 서식지 외 보전 기관으로 멸종 위기종의 사육 관리, 증식, 방사에 대한 연구를 진행한다. 이제까지 서울대공원에서 진행한 생태 연구로는 삵, 수달, 저어새, 양비둘기, 남생이, 금개구리 연구가 있고, 종 보전 연구로는 유전자원 연구, 분변 이용한 번식 호르몬 연구, 전염병 연구 등이 있다.

서울대공원의 동물 병원은 건강관리, 예방접종, 질병 진단, 치료, 안락사, 부검을 진행하는 동시에, 야생동물 전문 치료기관으로 외부에서 구조된 동물을 치료 후 재활하고 방사하는 일도 한다.

동물원이 연구의 역할을 담당하기 위해서는 윤리적 평가가 필요하다. 야생동물에게 큰 고통을 주는 것은 아니지만 관찰당하는 과정에서 동물한테 스트레스가 생길 수 있기 때문이다. 이런 이유 때문에 서울대공원은 국내동물원 최초로 동물에 대한 연구와 실험을 할 때 동물원 동물실험윤리위원회를 만들어 연구과제 승인과 윤리 교육을 실시하고 있다.

서울대공원 동물원은 매년 10월에 죽은 동물을 위한 위령제를 지낸다. 생태계는 급속도로 파괴되어가고 서식지가 회복될 기미는 보이지 않는다. 위령제는 그들이 자연으로 돌아가지 못한 채 수명이 다하게 된 것에 대한 미안함의 표현일 것이다. 동물들이 태어나고 삶을 다하는 곳인 동물원과 수족관은 자연을 빼앗긴 동물들의 집이며 안식처다. 동물들은 사람에게 즐거움과 감동을 주는 동시에 부끄러운 자화상이다. 동물원과 수족관은 사람들에게 생태계의 회복이라는 큰 과제를 던져줄 의무가 있다.

　인류가 목축을 시삭하기 전, 사냥은 단백질을 얻기 위한 중요한 생존수단이었다. 농경과 목축을 통해 식량을 안정적으로 얻게 되면서 사냥이 반드시 필요하지는 않게 되었으나 완전히 사라진 것은 아니었다. 모피산업이 발전하면서 야생에서 동물을 잡기 위해 사냥 도구가 쓰였다. 덫과 올무가 설치되어 야생동물들은 죽을 때까지 고통을 겪으며 죽었고, 생태계 내에서 숫자도 급속히 줄어들었다. 모피산업을 위한 사냥은 비판의 대상이 되었다. 이런 이유에서 대부분의 국가에서 모피를 얻기 위해 야생에서 동물을 사냥하는 것은 금지되었다.

　국가에서 법적으로 허용하는 사냥은 생태계 교란 동물을 정리해야 할 필요가 있을 때이다. 우리나라의 경우 호랑이, 늑대 같은 생태계 최상층의 육식동물이 멸종 위기에 처하자 고라니, 멧돼지 같은 동물의 숫자가 늘어났다. 80년대 모피, 고기용으로 수입되었던 뉴트리아가 상업성이 떨어지자 업주들이 이들을 방류했고 숫자가 늘어나 농작물을 해치는 일이 발생했다. 이런 이유로 뉴트리아는 환경부가 지정한 유해 야생동물이 되었고 해마다 사냥의 대상이 되고 있다. 자연 생태계는 각 종이 나름의 영역에서 균형을 이루고 살아간다. 외래종이 들어와 한 지역의 생태계를 망치거나 특정 동물만 많아지는 경우 적절하게 정리할 필요가 있다. 그러나 이런 사냥도 논란이 많다. 사냥 전 개체 수에 대한 과학적 조사가 이루어지지 않고 있기 때문이다. 사냥을 하는 방법도 문제다. 뉴트리아 사냥을 위해 마리당 2만원의 보상금을 지급하고 있는데, 사체의 개수에 따라 보상금을 주기 때문에 잡는 과정에서 몽둥이, 덫 등이 쓰이고 있다. 죽을 때까지 고통스러울 수밖에 없다. 멧돼지와 고라니는 일정 기간 동안 각 지자체의 허가를 받아 엽사들이 사냥을 하지만 허가받은

숫자 이상의 멧돼지를 잡아도 단속하기는 어렵다. 행정 단속이 잘 이루어지지 않는 것이다. 무엇보다 우리나라에서 고라니는 유해 야생동물이지만 전 세계적으로는 멸종 위기종이기도 하다. 제주도에서 개체 수가 늘어나 사냥이 허가된 노루의 경우도 최근에는 개체 수가 너무 감소되었다는 주장이 생기고 있다. 모두 과학적 조사와 근거가 없이 이루어지기 때문이다. 야생동물은 한번 멸종하면 되살리기 매우 어렵다.

오락과 스포츠용으로 사냥이 이루어지는 경우도 많다. 영국에서는 오랫동안 여우 사냥이 진행되었다. 개들을 이용해 여우를 사냥하는데 여우를 탈진할 정도로 몰아 사냥하는 과정이 잔인해 영국 내에서 반대여론이 생겨났고, 결국 금지되었다. 그러나 아프리카에서는 트로피 사냥이 여전히 성행한다. 트로피 사냥이란 야생동물의 뿔이나 신체 일부를 장식하기 위해 사냥하는 스포츠를 의미한다. 아프리카에는 야생동물을 보호하기 위한 야생동물 보호구역이 있고 그 안에서 개체 수가 증가하는 동물에 한해서 허가받은 숫자의 동물만 사냥하도록 허가하고 있다. 그러나 불법적인 사냥도 종종 이루어진다. 사냥은 아무리 단속을 열심히 한다 해도 불법을 다 막을 수 없고, 법으로 처벌한다 해도 이미 동물은 죽은 후다. 야생동물의 사냥을 법으로 정비해도 동물의 멸종을 막기 매우 힘든 이유이다.

낚시는 어떨까. 낚시는 전 세계적으로 많은 사람들의 사랑을 받는 취미생활이다. 그러나 어류도 통증을 느낄 수 있다는 과학 연구 성과가 계속 나오고 있다. 미끼에 입가를 다치게 된 상태에서 뭍으로 올라오고 죽을 때까지 장시간 방치된다면 결국 스트레스를 느끼면서 질식사하게 된다. 이런 이유에서 독일은 낚시를 하려면 면허를 따고 정기적으로 교육을 받도록 하고 있다. 교육의 내용은 동물복지에 관한 내용이다.

우리는 생존을 위해, 때로는 즐거움을 위해 동물을 이용하기도 한다. 되도록 고통을 주지 않아야 하고, 생태계를 파괴하지 말아야 한다. 개체 수 조절이 필요하다면 과학적 근거에 따라 해야 하고, 고통을 주지 않는 방법을 선택해야 한다.

ZOO

3.
한국
동물원의
현재

우리나라 동물원의 역사 🐾

　우리나라 최초의 동물원은 창경원이다. 1909년 순종 때 개원한 창경원은 창경궁의 전각을 뜯어내 동식물원으로 만든 곳이다. 개원 당시 동물은 총 72종 361마리였는데, 당시 경성 시내에는 가족 공원이 많지 않아 창경원은 나들이 장소로 유명했다. 1910년에 최초로 사자가 일본에서 도입되었고 1912년에는 독일로부터 코끼리를 들여왔다. 그러나 제2차 세계 대전이 터지자 식량 부족으로 동물원도 어려움을 겪었다. 굶주리는 동물이 속출했던 것이다.

　1945년 7월 태평양 전쟁이 발발하자 일본은 미군이 창경원을 폭격하면 맹수가 우리에서 뛰쳐나올 수 있으니 죽이라는 명령을 내렸다. 그날 밤 직원들은 맹수들에게 독약을 섞은 먹이를 먹였다.

한국 전쟁도 동물들에게는 고통이었다. 전쟁 동안 많은 동물이 굶어죽거나, 먹을거리가 부족한 사람들의 식량이 되었다. 전쟁 이후 창경원은 재건 작업에 들어갔다. 창경원은 지방 거주민이 서울에 오면 들르는 필수 나들이 코스였다. 그러나 1960년대부터 낡은 동물원을 이전하고 원래의 창경원으로 복원해야 한다는 여론이 생기기 시작했다. 궁을 원으로 강등시킨 것이 일본에 의한 방침이었기 때문이다. 1977년 동식물원 이전 계획이 확정된 곳은 과천 막계리 7만 5000평 부지였다. 서울대공원이 과천으로 이주한 후 재개장한 것은 1984년이었다.

70년대 이후 각 지방마다 동물 공원과 흡사한 동물원이 건립되기 시작했다. 대구 달성공원 동물원(1970년), 전주동물원(1970년), 진주 진양호 동물원(1986년), 청주동물원(1997년), 광주 우치공원 동물원(1993년), 대전 오월드 동물원(2002년) 등이다. 이 동물원들의 공통된 특징은 지방자치단체가 운영하거나 일정한 예산을 지원해 운영한다는 점이다. 전시 형태나 운영 방식 모두 비슷했다. 동물원은 공원의 한쪽에 만들어졌고 공원을 찾는 시민들에게 휴식을 주는 존재였다. 시민들은 가족과 공원을 거닐면서 평소에 보지 못하는 야생동물을 구경할 수 있었다. 19세기부터 유행했던 유럽의 동물 공원의 모습이 우리나라에도 나타난 것이다.

창경원 동물원을 찾은 사람들의 모습.

창경원 동물원의 암사자와 새끼 사자의 모습.

1976년 용인에 개장한 자연농원은 새로운 테마파크 형태였다. 처음으로 사파리라는 형태의 전시관이 등장했다. 자연농원은 에버랜드로 명칭이 바뀌었고 현재 놀이기구와 동물원이 함께 있는 테마파크 형태로 운영되고 있다. 사파리는 관람객이 버스를 타고 동물들이 사는 서식지로 들어가는 느낌을 주도록 기획되었다. 이전에는 없는 시도였다. 그러나 실제로 사파리는 일종의 몰입식 동물원과 유사하다. 서식지를 그대로 옮겨놓은 것 같지만 자연적 서식지가 아니라 잘 보이지 않는 전압선을 사이에 두고 동물들이 구분되어 있는 형태다.

에버랜드와 유사한 형태의 테마파크는 이후 여러 동물원에서 시도되었다. 에버랜드 같은 대기업이 운영하는 동물원이 아니라서 대규모의 투자는 이루어지지 않았지만 동물원에 와서 동물을 구경하고 놀이기구를 타고 노는 형태의 테마파크는 인기를 얻었다.

1977년에는 부산 용두산 공원에 최초의 해양수족관이 설치되었고, 1985년에는 63빌딩에 수족관이 문을 열었다. 2000년 이후에는 개인이 운영하는 동물원이 급증했다. 소규모로 운영되는 체험 동물원이었다. 설립 기준과 근거가 명확하게 없어 때로는 공원으로, 때로는 박물관이나 과학관으로 불렸고 백화점 안 등 다양한 곳에 작은 규모의 동물원이 들어섰다.

공영동물원이 지닌 문제점 

1909년에 우리나라 최초의 동물원인 창경원이 개장한 이후 현재 약 100여 개의 동물원이 국내에서 운영되고 있다. 동물원의 역사로는 100년이 넘었고 다양한 방식으로 운영되고 있지만 2000년대 이후부터 동물원 동물의 복지를 요구하는 목소리가 생겨났다.

동물원에 대한 시민사회의 저항은 2003년경부터 시작되었다. 당시 환경운동연합 동물복지 모임 '하호'는 서울대공원 동물원을 현장조사한 후 두 번에 걸친 현장조사 보고서를 발표했다. 적절하지 않은 사육 환경으로 인해 손가락을 잃은 로랜드 고릴라와 안구에 심각한 질환이 생긴 잔점박이물범의 모습은 사진 상으로도 시민들에게 큰 반향을 일으켰다. 서울대공원 동물원은 이후 대대적인 리뉴얼 계획을 세웠다. 당시 제기되었던 과제는 서울대공원 동물원을 토종생태동물원으로 만들자는 주장이었다.

그러나 이 움직임은 그다지 성공적이지 못했다. 예산부족만이 문제는 아니었다. 서울대공원 동물원을 비롯한 전국의 공영동물원은 애초에 동물복지와 종 보전 등의 기능을 실현하기 위해 계획적으로 만들어진 동물원이 아니었다. 전 세계의 동물을 많이 모아놓는 것이 전시의 기준이었다 보니 전시관 하나를 고치는 것이 아니라 전체적으로 바꾸는 것은 엄청나게 큰 작업이었다. 영장류 관을 시작으로 몇 개의 전시관이 예산 상황에 맞춰 조금씩 리뉴얼되었다.

서울대공원 동물원은 국내에서 가장 큰 동물원이고 전문 인력도 가장 많이 모인 곳이지만 몇 가지 한계를 가지고 있었다. 서울시의 예산으로 운영하고 있으나 지역적으로 과천에 위치하고 있어 서울시 의원들의 관심사에서 벗어나 있었다. 게다가 감사 때에도 동물원으로서의 올바른 기능을 잘 수행하고 있는지가 논의되지 않았다. 오직 서울시 의원들의 관심은 왜 수익을 제대로 내지 못해 매년 예산을 의회에서 지급해야 하느냐는 것이다. 동물원이 적자를 보는 것을 대공원장과 동물원장의 경영 능력 부족으로 보는 시각이 작용한 것이다. 그러나 동물원의 발전과 운영은 지금과는 다른 시각으로 평가할 필요가 있다. 동물원의 올바른 역할을 위해 새로운 비전을 만들고 이를 장기적인 계획 아래 조금씩 바꿔가야 한다.

서울대공원 동물원을 비롯한 전국의 공영동물원이 가지고 있는 기본적인 문제점은 다음과 같다.

첫째, 애초에 동물 전시의 목적이 쉬기 위해 공원을 찾은 시민들에게 동물을 보고 만족감을 느끼도록 하는 데 있었다. 따라서 되도록 많은 동물을 전시하는 것이 시민들의 요구에 부응하는 것이었다. 시민들 대다수는 동물원에 가서 동물을 보는 것이지, 동물들에 대한 심층적인 연구나 생태를 관찰하는 데에는 관심이 없었다. 그랬기 때문에 평상시에 잘 볼 수 없는 동물들이 많을수록 인기가 좋았다. 공원의 일부 요소였으니 언론이 전문적으로 주목하는 곳도 아니었다. 언론의 관심을 끄는 날은 새로운 동물이 도입되거나 아기 동물이 태어날 때였다. 시민들이 많이 와야 입장료 수입이 늘어나고 수입 대비 지출을 줄여야 의회에서 잔소리를 덜 듣게 되니 동물원 측에서도 새로운 동물, 희귀한 동물을 도입하는 데 열을 올리는 등 구조적인 문제가 있을 수밖에 없다.

둘째, 동물원의 건립 목적이 애초에 이러하다 보니 열대지방부터 극지방까지 거의 모든 종을 섭렵하듯이 보유하면서 그야말로 백화점식 전시를 지향했다. 전시에 대한 투자 역시 시민들이 선호하는 동물에 집중됐다. 시민들이 선호하는 동물은 주변에서 흔히 볼 수 있는 동물이 아니라 호랑이, 사자, 코끼리, 기린 같은 멸종 위기종이거나 우리와 기후조건이 다른 곳에서 온 동물들이다. 이런 동물의 경우 관리 비용이 증가하며, 예산이 그쪽에 더 많이 투자되는 것은 자연스러운 현상이다. 그러나 이와 같은 운영 방식은 시민들에게 인기가 없는 종들이 제대로 된 관리되지 못한다는 것을 의미한다.

거의 모든 동물원에서 토종동물의 전시관은 매우 낡고 열악하다. 조류관의 경우 더욱 그렇다. 독수리를 보기 위해 동물원에 오는 시민은 거의 없기 때문이다. 보유하고 있는 종수와 개체 수가 많으면 그만큼 인력의 분배도 어렵다. 각 종마다 특징이 있고 종 내에 개체 수마다 성격이 다를 수 있기 때문에 동물의 복지가 제대로 실현되기 위해서는 각 종의 습성과 생태를 정확하게 알고 있는 사육사가 각 전시관마다 배치되어야 한다. 그러나 대부분의 동물원에서 사육 사들은 여러 종의 전시관을 통합 관리한다. 사육사는 전문적인 훈련이나 교육과정을 거쳐 동물원으로 들어오지 않는다. 동물관련 학과를 졸업하면 취업할 때 감안되는 요소이기 하지만 반드시 그렇지는 않다. 물론 동물관련 학과에서 동물원 동물복지에 대한 심도 깊은 학문적 연구가 이루어지지도 않는다. 동물원에 취업한 이후에도 체계적인 공부나 훈련을 받을 기회는 거의 없다.

야생동물들은 야생의 습성을 그대로 가지고 있다. 사람들과 생활을 함께 하는 반려동물이 아니기 때문에 표정이나 행동을 언제나 살필 수 없다. 사육사가 매일 동물의 행동을 확인하고 질병이 발견되는 즉시 수의사에게 알려 빠른 질병 치료가 이루어지도록 해야 하지만 사육사의 전문성이 떨어지고 너무 많은 동물을 관리하게 될 때 이는 불가능하다. 수의사의 숫자도 턱없이 부족하다. 한 명의 수의사가 수백 명의 동물을 관리하다 보면 제대로 된 치료와 예방은 사실상 어렵다.

셋째, 공영동물원은 지방자치단체가 운영하는 공원의 일부이기 때문에 동물원 관리의 최고 책임자는 대부분 공무원이다. 순환근무제로 직무를 수행하다 보니 책임 있게 동물원을 운영하려는 의지를 보이기 힘들다.

공영동물원이 전반적인 리뉴얼 없이 침체에 빠져 있는 사이 개인이 설립한 동물원은 매해 늘어나고 있다. 2016년 동물원법이 통과되었으나 동물원 설립의 기준은 여전히 애매한 상태에 있다.

개인과 기업이 건립한 동물원은 현재 대기업이 운영하는 테마파크, 개인이 운영하는 실내 체험 동물원으로 성행하고 있다. 테마파크의 경우 사파리를 비롯하며 다양한 쇼와 체험 프로그램, 화려한 이벤트, 놀이시설과 함께 운영해 인기가 높다. 유명 수족관 역시 대기업이 운영하고 있다. 이런 동물원과 수족관은 자본이 탄탄한 대기업이 운영하고 있어 경영악화로 인한 동물의 건강, 복지가 최악의 상황으로까지 전락하지 않을 것이라는 믿음이 일반 시민들에게 있다. 그러나 이윤이 목표일 수밖에 없는 기업의 운영 원칙에서 자유로울 수 없는 것 역시 사실이다. 동물원, 수족관 운영만으로는 이윤을 확보할 수 없다. 다양한 방식으로 수입을 얻되 동물복지에 대한 기본과 원칙은 지켜야 한다.

테마파크가 자랑하는 최대의 시설물은 단연 사파리다. 사파리는 철창에 갇힌 동물을 보는 것이 아니라 마치 자연 속으로 관람객이 들어가서 야생동물을 관찰하는 것처럼 느껴져 관람객들에게 상당히 인기가 있다. 사람들은 동물을 편히 보고 싶어 하면서도 철창 속에 갇힌 동물에 대해 막연히 부정적 인식을 갖고 있기 때문이다. 그러나 사파리는 동물들이 원래 살고 있는 본래의 자연생태계가 아니라 특정 지역에 계획적으로 조성된 인위적인 공간이다. 따라서 국내 동물원에서 세계 각국의 다양한 기후와 식생, 생태계를 재현하기란 사실상 불가능하다.

실제로 사파리 내에는 사자, 기린같이 아프리카 초원 지대의 기후와 식생에 맞는 동물도 있지만 코끼리, 백호, 불곰, 반달가슴곰 등 서식지가 다양한 동물이 함께 전시되어 있다. 이들의 전시관을 구분하는 것은 일반 동물원의 철창이나 단단한 시멘트벽이 아니라 전압선이다. 전압선에 흐르는 전류는 동물의 몸이 닿았을 때 약간의 불쾌감을 느낄 정도로 활동의 자유를 제약하는 장치가 된다. 사파리는 다양한 기후 조건에서 사는 동물을 한 공간에 두지만 각 동물에 맞는 기후와 식생을 완벽하게 재현할 수 있도록 각 기후 관을 별도로 건립하지는 않는다.

자본력이 넉넉하지 않은 개인 건립 동물원의 경우 문제는 더욱 복잡하다. 동물원의 종류도 다양하고 이들이 보유하고 있는 동물들의 복지를 실현하기가 어렵기 때문이다. 대기업만큼 자본 투자와 경영의 효율성을 갖추기 힘든 개인 동물원의 경우 설립의 목적이 이윤이기 때문에 동물의 복지보다 관람객의 요구에 맞는 프로그램을 운영할 가능성이 있다. 공영동물원이 침체된 사이 다양한 개인 동물원은 더욱 늘어났지만 법과 제도를 통해 복지의 기준을 맞춰나가야 한다.

우리나라 동물원의 가장 큰 문제는 동물원이 무엇인가에 대한 정확한 기준이 없다는 점이다. 일부 업체는 여러 동물을 보유하고 있으면서 유치원, 어린이집, 백화점, 학교 등의 동물 관련 행사에 동물을 데리고 가는 사업을 하고 있다. 체험이란 동물을 만지는 것 위주이며 동물의 생태에 대한 약간의 설명을 함께 하는 형식이다. 어떤 업체도 '우리가 동물을 만지고 가지고 노는 행사를 한다.'고 설명하지 않는다. 이런 동물원을 소위 '이동식 동물원'이라고 한다. 이동식 동물원은 여러 곳을 이동함으로써 결과적으로 고정된 공간이 아닌 곳에서 동물을 전시하게 되기 때문에 동물의 건강에 매우 치명적이다. 이동할 때의 스트레스는 물론 매번 낯선 환경에 적응해야 하고 여러 사람들에게 보이고 만져지게 된다. 동물원의 수익은 출장으로 이루어지기 때문에 그 동물들의 상설 전시 환경은 굉장히 열악하다. 전시관에 신경을 쓰지 않기 때문이다.

예전에 몇 시간을 어렵게 걸어가서 한강 상류에서 참수리를 본 적이 있다. 아이들은 한 마리의 새를 보기 위해 많은 시간과 노력을 투자해야 한다는 것을 깨달을 때 자연을 제대로 배울 수 있다. 한국 동물원이 사람들에게 자연과 환경에 대한 소중함을 알리고 우리나라의 토종 멸종 위기종을 보전해 생태계 보전에 기여할 수 있는 방향으로 발전해 나아가기를 바란다.

한반도의 멸종 위기종

환경부, 해양수산부, 문화재청, 산림청은 우리나라에 살고 있는 생물을 보존 보호하기 위해 국가보호종을 지정하고 있다. 멸종 위기에 처한 야생동물을 법적으로 지정해 보호하기 시작한 것은 1989년부터이다. 현재 환경부 지정 멸종 위기 야생생물은 총 267종이다. 대표적으로 늑대, 대륙사슴, 반달가슴곰, 호랑이, 표범, 스라소니, 산양, 수달, 여우, 사향노루 등은 멸종 위기종 1급 포유류이며, 담비, 물개, 물범, 삵 등은 2급으로 지정되어 있다. 조류는 1급으로 검독수리, 넓적부리도요, 두무리, 저어새, 크낙새, 흰꼬리수리 등이 2급으로는 고니, 독수리, 노랑부리저어새, 뜸부기 등이 있다. 수원청개구리, 남생이, 맹꽁이는 대표적인 멸종 위기종 양서류이고, 어류의 경우 1급으로는 감돌고기, 꼬치동자개 등이 2급으로는 가는돌고기, 가시고기 등이 있다. 해양수산부 지정 멸종 위기 해양생물로는 귀신고래, 남방큰돌고래, 대왕고래, 물개, 바다사자, 상괭이, 점박이물범, 참고래 등이 있다.

멸종 위기종 보호를 위한 국제적 기구로는 세계자연보전연맹(IUCN)이 있다. 세계자연보전연맹은 야생생물의 멸종을 방지하고 생물다양성을 보전하기 위해 멸종 위험이 높은 생물을 선정하고, 이들 종의 분포 및 서식 현황을 수록한 자료집을 발간하고 있다.

생물다양성이란 유전자, 생물종, 생태계의 다양성을 종합한 개념으로, 지구상의 생물종은 1300만에서 14000만 종 정도로 추정하고 있지만 지금까지 알려진 것은 13% 정도밖에 안 된다. 현재 생물다양성은 심각한 위협을 받고 있는 상태에 있다. 매년 25,000종에서 5만 종 정도가 사라지고 있고 이 추세로는 2~30년 내에 지구 전체 생물종의 25%가 멸종될 것이라고 전문가들은 보고 있다.

생물다양성 위협의 가장 큰 원인은 서식지의 개발과 오염, 야생동물의 불법 포획이다. 19세기 지구의 인구는 약 10억 명이었고, 1927년에는 20억으로 늘었다. 유엔 보고서는 2050년 세계 인구는 97억 182만 정도가 될 것으로 예상하고 있다. 인구가 늘어나면 식량을 얻기 위해 농업과 축산업이 확산된다. 야생동물이 살고 있는 서식지를 개발하기 시작하면 가장 빨리 멸종하는 것은 가장 넓은 서식지를 가진 최상위 포식자 동물이다. 개발로 인해 서식지가 좁아지고 구획이 나뉘게 되면 먹이 공급이 원활하지 못하게 되고 유전적 다양성이 결여되어 결국 번식률이 떨어져 숫자가 줄어들게 된다.

야생동물의 멸종이 왜 이렇게 중요한 문제일까? 이것은 여러 문제를 일으키기 때문이다. 최상위 포식자가 줄어들면 이들의 주요 식량인 초식동물의 숫자가 지나치게 늘어난다. 따라서 이들이 먹는 식물은 사라지고 전체 균형이 파괴되는 결과를 초래한다. 호랑이는 주로 멧돼지, 표범은 주로 고라니 같은 초식동물을 사냥한다. 호랑이가 사라지자 멧돼지가 늘어나고 멧돼지는 농작물을 해치고 사람들을 다치게 하고 도로로 내려와 차와 충돌하는 과정에서 로드킬되기도 한다.

우리나라의 대표적인 최상위 포식자 야생동물로 호랑이가 있다. 전 세계적으로 호랑이는 모두 멸종 위기에 처했다. 발리 호랑이, 카스피 호랑이, 자바 호랑이는 이미 멸종했고, 우리나라와 동북아 지역에 살던 시베리아 호랑이는 현재 450마리에서 500마리 정도가 살아 있는 것으로 추정하고 있다.

시베리아 호랑이 멸종의 가장 큰 원인은 일제 강점기 때 해수구제라는 이름으로 시행되었던 사냥이었다. 20세기 초부터 일본이 23년간 사냥하며 죽인 호랑이는 총 141만 마리였다. 우리나라에서 마지막 호랑이가 잡인 것은 기록상 1927년이었다. 우리나라에 살던 호랑이는 한국 호랑이, 혹은 아무르 호랑이, 시베리아 호랑이로 불린다. 표범 역시 호랑이와 함께 예전부터 '범'으로 불렸다. 표범도 일제 해수구제의 희생양이었다. 해방 이후 공식적으로 드러난 표범은 1962년 경남 합천에서 잡힌 표범이었고 이는 창경원으로 옮겨졌다. 1963년에는 같은 지역에서 새끼 표범이 잡혔으나 대구 한약방으로 팔려갔다. 희귀한 표범은 약재와 고기, 모피

용으로 팔려갔다. 표범은 1970년에도 잡혔다. 경남 함안이었고 당시 시가 70만원에 팔려갔다. 표범은 현재 극동러시아 연해주 남서지역에 50마리 정도 생존해 있는 것으로 알려져 있다. 최근 러시아 정부는 이 지역을 표범의 땅 국립공원으로 지정했다.

우리나라 바다에서 고래가 멸종되기 시작한 것도 일제 강점기 시절의 포경이 일차적 원인이다. 귀신고래는 1920년대 초반까지만 해도 한국 연안에서 쉽게 볼 수 있었다. 그러나 일제 강점기에 대량 포획으로 개체 수는 급격히 줄어들었고, 1977년 이후 한국 연안에서는 더 이상 발견되지 않고 있다. 1933년 사할린 연안에서 다시 발견되기 시작했고 현재 약 130마리가 살아있는 것으로 알려져 있다. 우리나라 연안에서 주로 발견되는 소돌고래 상괭이는 최근 새로운 위기에 처했다. 고래연구소에 따르면 상괭이 개체 수는 2005년 3만 6000여 마리에서 2011년 1만 3000마리로 급격히 감소했다. 상괭이를 위협하는 가장 큰 요인은 다른 어종을 포획하려고 풀어놓은 그물에 걸리는 혼획이다.

1986년 대한민국은 국제포경위원회 회원국이 되면서 상업적 포경을 금지해왔다. 과학 포경이나 원주민 포경도 실시하지 않는다. 그러나 그물에 걸린 고래는 거래를 허용하고 있는데 이 때문에 혼획을 가장한 불법 포경이 계속되고 있다. 주로 거래되는 고래는 밍크고래인데, 이 밍크고래는 멸종 위기 개체군에 속하고 국제포경위원회조차 특별히 보호하는 개체군이다. 연간 혼획으로 죽는 밍크고래는 약 80마리에서 100마리이다. 그러나 연간 고래 고기 소비량은 400마리에서 500마리이다. 결국 나머지는 불법 포획된 고래라는 의미다.

야생동물은 한번 멸종되면 다시 되살려내기 어렵다. 한 종의 개체군이 사라지면 그에 따른 영향도 예상하기 어렵다. 미국 옐로스톤 국립공원은 늑대가 사라지면서 초식동물이 늘어났고 초지가 황폐화되었다. 이후 미국 정부가 늑대 복원을 위해 러시아에서 늑대를 데려와 번식시켜 공원에 방사하자 초지는 다시 회복되었다. 우리나라도 국가 예산을 들여 반달가슴곰 복원사업을 진행하고 있다. 그러나 방사된 이후 일부 곰들이 원래 서식지를 벗어나기도 하고 관광객들에게 먹이를 구걸하기도

해 제대로 자연에 적응하지 못하는 사례도 생겼다.

복원에는 많은 시간과 예산이 들어간다. 서식지의 복원을 위한 노력이 절실하며, 야생동물의 멸종을 부추기는 제도를 적극적으로 바꾸려는 노력도 필요하다. 최근 전 세계 유명 동물원과 수족관은 멸종 위기종의 보호와 복원을 위한 임무를 선언했다. 동물을 전시하고 구경거리로 만드는 지난날의 오락 동물원을 비판하는 여론도 점차 많아지고 있다.

호랑이를 사랑하는 올바른 방법은 그들이 원래 살았던 숲을 제자리로 돌려놓는 것이다. 철창에 그들을 가두려면 우선 미래에 그들을 자연으로 돌려보내겠다는 계획이 있어야 한다. 서식지 파괴를 막지 못한 채 그들을 좁은 철창에 가둘 권리는 우리에게 없다.

ZOO

4.
세상을
바꾼
동물들

크레인, 동물원법을 만든 호랑이 🐾

우리나라 동물원에는 다양한 야생동물이 살고 있지만 동물복지의 기준은 없었다. 동물원을 설립하고 운영하는 사람도 특별한 자격이 필요하지 않았다. 동물원 관리에 관한 법이 없었기 때문이다. 법을 만들자는 움직임은 우연치 않게 한 호랑이로부터 시작되었다.

2001년 개봉한 황윤 감독의 다큐멘터리 〈작별〉은 동물원을 배경으로 한 영화로 호랑이 크레인이 등장한다. 크레인이란 이름은 태어날 때부터 약골인 호랑이에게 건강하고 강하게 자라라는 의미에서 사육사들이 지어준 이름이다. 크레인의 엄마인 선아는 크레인을 돌보지 않았다. 이런 광경은 동물원에서 흔한 일이다. 자연생태계에서 어미가 새끼를 낳고 기르는 행위는 자연스럽게 습득하고 실행하는 본능이나, 동물원에서는 그렇지 않다. 인위적인 공간인 동물원 동물 중 상당수는 동물원 내에서 태어나 부모로부터 새끼를 낳고 기르는 행위를 배우지 못했거나, 각종 스트레스 때문에 새끼를 죽이는 일도 간혹 저지른다. 동물원에 인공 포육실이 별도로 존재하는 것은 어미가 새끼를 낳은 후 돌보지 않거나 죽이는 일들이 종종 발생하기 때문이다.

크레인은 근친교배를 통해 태어났다. 선천적으로 몸이 약했고 자라면서 안면에 기형도 나타났다. 다큐멘터리에는 크레인을 길들이는 소위 '순치'의 과정이 나온다. 목줄에 매여 낑낑대는 크레인에게 사육사들은 이렇게 말한다.

"이래야 너도 편하고 우리도 편하다."

야생동물의 본능은 때로 동물원에서 불편한 기능이다.

크레인은 2004년 어느 지방 동물원으로 팔려갔다. 우리는 2012년 지방의 한 동물원에서 다시 크레인을 카메라에 담는 황윤 감독과 크레인을 발견했다. 크레인이 그 동물원에 있다는 소문만 있었을 뿐 정확한 돌봄의 기록을 파악하기는 어려웠다. 그 동물원은 재정이 열악해 여러 번 부도를 냈고, 사육사가 자주 바뀌는 바람에 체계적인 기록도 없었다. 사육사의 말과 기억을 통해 우리는 크레인을 확인했다.

"호랑이 이름이 크레인 맞나요?"

"아…, 맞아요. 크레인."

그 동물원을 방문했던 사람들은 크레인을 '침 흘리는 호랑이'로 기억했다. 여러 번 부도가 나 경제적으로 최악의 상태였던 그 동물원에는 사육사가 한 명이었고 수의사도 없었다. 그곳에 있던 불곰은 먹을 것을 토하고 다시 먹기를 반복했고 털 빛깔도 나빴으며 몸집도 다른 동물원의 불곰과 확연히 달랐다.

우리는 두 가지 활동을 시작했다. 첫 번째 방향은 동물원 관리를 위한 입법 운동이었다. 두 번째 방향은 그중 건강상태가 나쁜 동물을 구조하는 것이었다. 그러나 건강상태를 검진해줄 수의사를 고용하거나 검진을 허용할 수 있는 책임소재도 불분명했고, 그런 시도를 할 법적 근거도 없었다.

열악한 동물원이 정리되지 못하는 결정적 이유는 동물원이라는 특수한 기관을 관리하는 정부 부서가 명확하지 않고 동물원을 관리하는 법이 없기 때문이다. 지방자치단체에서 운영하는 동물원은 공원관리법에 의해 설립되기 때문에, 동물원은 공원을 구성하는 한 요소이고, 개인이나 기업이 운영하는 동물원은 박물관 및 미술관 진흥법에 설립 근거가 있다.

이 동물원의 열악한 상태와 동물의 복지 문제를 거론하자 그 지역의 관광 관련 부서에서 연락이 왔다. 그 동물원에 있는 동물 중 천

어디론가 실려 가는 크레인. 크레인은 뻐드렁니가 심해 입을 잘 다물 수 없었다.

연기념물은 문화재청에서, 멸종 위기종은 환경부에서 담당한다고 하고, 나머지 동물들에 대해서는 책임질 수 없다고 했다. 책임부서가 여럿으로 나뉘어 있어 어디에도 그 동물들에 대한 책임을 물을 수 없는 상황이었다. 동물원이 문을 닫게 되면 거기 있던 동물들은 어떻게 될까. 동물원이 폐쇄되어도 동물들이 갈 곳이 없었다. 법과 제도를 만드는 일부터 시작해야 했다.

우리가 유일하게 구조에 성공한 동물은 호랑이 크레인이었다. 크레인은 서울대공원 동물원 출신이다. 지방 동물원으로 팔려가는 과정에서 생사가 불분명해졌으니 엄격하게 말하면 서울대공원 동물원이 책임을 회피할 수 없는 측면이 있었다. 우리는 서울대공원 동물원에서 다시 크레인을 받아줄 것을 박원순 서울시장에게 부탁했고 다행히 이것이 받아들여졌다. 몇 가지의 절차를 거쳐 2012년 12월 크레인은 서울대공원 동물원으로 돌아갔다. 크레인의 귀환과 지방 동물원의 열악한 환경은 동물원에 대한 대중적 관심을 불러일으키는 큰 계기가 되었다.

망해가는 동물원에 남은 동물들. 그 동물을 책임져줄 법적 주체가 없다는 상황은 동물원을 법적으로 들여다보는 계기를 마련했다. 아무나 동물원을 설립해도 되는가. 설립 이후 엄격하게 관리하지 않아도 되는가. 동물들의 복지는 누가 책임지나. 이런 의문은 동물원을 관리하는 법의 필요성을 제기하게 되었다. 공원이나 박물관으로 신고하면 누구나 운영할 수 있는 곳, 이후 동물복지에 대한 책임은 지지 않는 곳, 그곳이 동물원이었다. 우리는 동물원은 특수한 전문기관이고 그에 맞는 법이 필요하다는 청원 서명운동을 벌였다. 그로부터 얼마 되지 않아 당시 민주통합당 장하나 의원실에서 연락이 왔다. 법안 마련에 대한 자문 요청이었다.

드디어 2014년 동물원 및 수족관 관리에 관한 법이 발의되었고 몇 차례의 토론과 논의를 거쳐 2016년 국회 본회의에서 통과되었다. 동물원과 수족관에 대한 특별 관리법이 최초로 제정된 것이다.

동물원 운영과 복지 평가에 대한 기준과 법률이 필요한 이유는 무엇일까. 동물원 운영의 기본 주체는 개별 동물원이다. 동물원들끼리의 네트워크 형성은 활발하게 이루어지고 있지만 이는 주로 동물 교환과 새로운 정보 교환 등에 맞춰져 있다. 동물의 종별, 개체별 삶의 질을 높은 수준으로 유지하기 위해서는 많은 비용이 소요된다. 동물원의 운영 역시 경영 원칙에서 자유로울 수 없기 때문에 각각의 동물원이 개별적, 자율적 기준을 가지고 동물원을 운영한다면 동물복지의 원칙이 지켜지기 어렵다. 동물원 전체를 객관적 기준으로 평가할 수 있으려면 법률적 수준의 기준이 반드시 있어야 한다.

그러나 아쉽게도 최초로 제정된 동물원법은 실효를 거두지 못했다. 엄격한 기준에 따라 동물원 설립 및 운영의 권한을 주는 허가제를 마련하지 못했기 때문이다. 작거나 열악한 동물원과 수족관의 반대에 부딪혀 허가제 대신 등록제로 결론을 냈다. 허가제란 동물원을 설립하거나 운영할 때 일정한 자격 조건과 환경을 보고 정부가 허가를 내주는 것이고, 등록제는 동물원이 각 행정기관에 서류를 제출해 등록하는 것을 의미한다. 한마디로 허가제는 등록제보다 엄격한 법적 규제 장치다. 등록제로 귀결되다 보니 결과적으로 동물원 및 수족관 관리에 관한 법률은 현재 대중에게 전시되는 모든 동물원을 대상으로 하지 못하게 되었다. 10종 50개체 이상의 야생동물을 소유한 기관은 각 지방자치단체에 간단한 서류만 제출하면 누구나 동물원과 수족관을 만들 수 있게 되었고, 정기적인 검사를 받지 않아도 되니 사실상 엄격한 기준이 없다고 볼 수 있다. 동물에 대한 전문적 지식이 없고 동물을 이용해 장사를 하고자 하는 사람까지 동물원을 등록해도 문제가 없게 된 것이다. 결과적으로 법률은 형식에 그치게 되었고 동물원의 복지를 제대로 맞추지 못하는 유사 동물원들이 나타나게 되었다. 크레인은 운이 좋아 상대적으로 환경이 좋은 동물원에서 새로운 삶을 시작하게 되었으나 아직도 많은 동물들은 복지의 사각지대에 있다.

크레인은 서울대공원 동물원으로 돌아온 후 전시 공간이 아닌 별도의 공간에서 지냈다. 서울대공원 동물원으로 온 날 저녁 바로 크레인의 몸무게를 쟀다. 시베리아 호랑이의 수컷은 다 자라면 300kg까지도 나가는데 크레인은 고작 170kg이었다. 영양결핍 상태였다. 사육사들은 돌아온 크레인을 극진히 보살폈다. 크레인은 서울대공원 동물원으로 돌아온 후 회복을 위한 여러 프로그램을 받았지만 잘 반응하지 않았다고 한다. 오랫동안 열악한 환경에서 살았던 탓이라고 추정한다. 살도 찌고 건강을 회복했지만 크레인은 2017년 10월 결국 세상을 떠났다. 그해 서울대공원에서 진행한 위령제에서 가장 먼저 추모한 동물이 크레인이었다. 우리는 크레인을 '법을 만든 호랑이'라고 불렀다. 크레인은 황무지에 가까운 동물원 동물의 복지를 풍부하게 만들었다.

로스토프, 동물원의 전문성에 의문을 던지다 

2013년 12월 서울대공원 동물원에서 사육사가 호랑이에게 물려 죽은 사건이 있었다. 당시 서울대공원 동물원은 호랑이 숲 리뉴얼을 준비 중이었고 기존의 동물 우리에 있던 호랑이들은 여러 관리동에 나눠 보호 중이었다. 일반적인 전시 시설은 실외 전시관과 실내 전시관이 나뉘어 있어 밥을 주고 청소를 해주기 위해서는 전시관의 문이 안전하게 닫혔는지를 확인한 후 진입해야 한다. 실제로 여기에는 청소나 급식을 위해 전시관으로 들어가는 사람, 그리고 뒤에 남아 혹시 모를 위험에 대비하는 사람 그리고 CCTV를 통해 실시간으로 전시관 안을 확인하는 사람, 이렇게 세 명의 직원이 필요하다. 사육장에 들어갈 때는 최소한 2명이 조를 이루어야 한다는 것이 2인 1조의 원칙이다. 그러나 당시 사육사는 혼자였고 전시장 사이에 자물쇠가 제대로 닫혀 있지 않았다. 호랑이 로스토프는 사육사의 목을 물었고 피를 흘리며 쓰러져 있던 사육사를 지나가던 사람이 우연히 발견했다. 급히 병원으로 옮겨진 사육사는 긴급 수술을 받았으나 결국 사망했다.

2인 1조의 원칙이 지켜지지 않아 이러한 비극이 일어났다. 사육사의 사망 후 사람을 물어 죽인 로스토프에 대한 처분 문제가 여론으로 제기되었다. 사실 호랑이의 잘못이라기보다 관리 소홀이라고 볼 수밖에 없으니, 호랑이를 안락사 해도 문제가 해결되지 않는다는 것은 당연했다. 게다가 안락사 문제는 우리나라의 정서상 이루어질 수 없었다. 그러나 로스토프를 안락사할 수 없는 것은 단순히 로스토프에게 죄가 없다는 것 외에 다른 이유가 있었다.

로스토프와 짝꿍인 펜자는 이명박 전 대통령이 서울시장 시절 푸틴 러시아 대통령으로부터 선물로 받은 시베리아 호랑이였고 당시 서울대공원 동물원내에 있던 유일한 순종 호랑이였다. 시베리아 호랑이가 멸종 위기에 있는 상태에서 종 보전을 위해 호랑이를 보유하고 있는 동물원에서 지켜야 할 중요한 원칙은 생물학적 기초에 의한 순종을 보유하는 것이다. 로스토프를 안락사하면 우리나라 동

물원의 시베리아 호랑이 유전자의 안정적 보유가 어렵다는 주장이
제기되었다.

동물원이 제대로 된 종 보전의 역할을 담당하기 위해서는 멸종
위기종을 단순히 번식, 유지시키는 것만으로는 부족하다. 동물원
의 종 보전 프로그램은 유전학 연구의 기초에서 계통분류학적 연구
에 의해 수집된 동물의 정확한 분류로 보전 가치가 있는 종, 또는 아
종을 구분하고 잡종화를 방지하기 위해서 필요하다. 이를 위해서
는 정확한 개체 식별에 근거한 체계적 동물 기록 관리가 있어야 하
고 포획, 사육 중인 특정 종의 역사를 담고 있는 가계 및 인구통계적
기록인 혈통등록부(studbook)를 보유해야 한다. 혈통등록부에는 영
구적 혈통등록번호, 야생으로부터 습득한 날짜, 부모의 기록, 출생
일자, 성별, 기관 고유 표식과 번호, 최초 보유기관, 이송 날짜, 이송
후 보유기관, 사망 날짜와 원인 등을 기록한다.

아종

생물 분류학상 종(種)의 하위단계로 동일한 종 중에서 주로 지역적으로
일정한 차이를 가지는 집단이 인정될 때에 사용된다. 호랑이의 경우에
는 총 8종의 아종이 존재한다. 이중 자바 호랑이, 발리 호랑이, 카스피
언 호랑이는 멸종되었으며 현재 시베리아 호랑이, 수마트라 호랑이, 벵
갈 호랑이, 아모이 호랑이(남중국 호랑이), 말레이 호랑이(인도차이나
호랑이)가 있다.

동물원이 체계적으로 관리되고 있는 나라에서는 지역적인 혈통 등록부 책임자를 종별로 지정하며, 그 지역 특정 종의 모든 혈통 정보를 관리한다. 이런 정보를 통합한 국제혈통등록부는 주요 종의 경우 3년에 한 번 발간되는데, 우리나라의 경우 국제적으로 공인된 기록이 거의 없는 실정이다. 서울대공원 동물원은 현재 우리나라에서 유일하게 유전학 연구를 기반으로 한 종 보전의 기능을 수행하고 있으나 그것도 최근 들어 제기된 것이다.

로스토프 사건은 서울대공원 동물원에서 발생했지만 이 사건은 다른 동물원도 종 보전 기관의 역할을 못 하고 있는 것이 아니냐는 질문을 던지게 했다. 호랑이 로스토프 사건은 동물원의 안전 문제뿐 아니라 동물원의 올바른 기능이 무엇인가를 다시 생각하는 기회가 되었다.

로스토프는 살아남았다. 순종 보존 차원에서 끝까지 로스토프를 책임져야 한다는 동물원측의 입장과, 러시아로부터 선물받은 동물을 안락사하면 외교적 문제가 있을 수 있다는 여론도 있었다. 로스토프는 현재 전시되지 않은 공간에서 따로 지내고 있다. 전시되지 않는 동물이라고 해서 반드시 불행한 것은 아니다. 동물원의 동물들은 관람객에게 전시되는 역할만 하지는 않는다. 기존의 동물원에서 동물들은 시민들의 구경거리에 불과했다. 그러나 현대의 동물원은 종 보전과 동물복지를 기반으로 한다. 결과적으로 로스토프는 사람들의 시선이라는 스트레스에서 다소 자유로워졌다.

동물원은 사육사의 안전을 위해 반드시 2인 1조의 원칙을 지켜야 한다는 과제가 남았다. 그리고 유전학 연구가 필요했다. 개체별로 유전자 검사를 해, 번식 가능한 순종을 제외하고 잡종화되거나 유전적 질병이 있는 동물들, 멸종 위기종이 아닌 동물들의 번식을 인위적으로 막아야 했다. 동물원은 전문성을 갖추어야 했다.

뽀롱이, 동물원의 근본적 문제를 드러내다 🐾

2018년 10월 대전동물원에서 뽀롱이라는 퓨마가 탈출했다. 뽀롱이가 탈출했다는 사실은 뒤늦게 알려졌고 경찰과 소방당국이 출동해 뽀롱이를 찾아냈으나, 결국 4시간 30분 만에 사살되었다. 동물원에 살던 동물이 우리를 탈출했다가 총에 맞아 죽었다는 이유로 뽀롱이는 언론의 주목을 받았다.

뽀롱이의 죽음을 둘러싼 논란은 다음과 같다. 퓨마가 맹수임에도 동물원 측은 이번에도 역시 2인 1조의 원칙을 지키지 않았다. 5년 전 서울대공원 사건에서 교훈을 제대로 배우지 못한 것이다. 시민들은 동물원에 항의했다. 동물원이 실수한 것은 맞다. 그러나 뽀롱이 사건을 통해 동물원 운영의 현실을 살펴볼 필요가 있다. 2인 1조의 원칙을 도입하려면 직원을 더 채용해야 한다. 그러나 동물원에서 직원을 채용해주지 않으면 사육사는 스스로의 목숨을 걸고 일을 하게 된다. 그렇다면 동물원은 왜 사육사를 좀 더 채용하지 못할까.

지자체에서 운영하는 공영동물원의 예산은 지방의회에서 정한다. 의회 의원들은 대부분 동물원에 대해 모르니 동물원장을 출석시켜 예산 책정의 이유를 질문한다. 그러나 지자체 운영 동물원의 원장 역시 대부분 여러 기관을 순환하며 근무하는 공무원이기 때문에 2~3년 정도 동물원에 있다가 다른 곳으로 발령 간다. 게다가 동물원은 공무원 사이에서 인기 있는 근무지가 아니다. 동물원장들은 대부분 동물원이라는 특수한 조직에 대해 모른 채 발령을 받게 되니 전문성이 부족해 의회 의원들의 질문에 제대로 답하지 못한다. 왜 동물들을 위해 예산이 더 주어져야 하는지 설명하지 못하니 의회에서는 동물원에 복지를 위한 예산이 필요하다는 생각을 하지 못하게 된다. 악순환의 반복인 셈이다.

이런 근본적인 문제는 뽀롱이가 탈출한 날 바로 드러났다. 뽀롱이가 탈출한 직후 어떻게 문제를 해결해야 할지 몰라 우왕좌왕하는 사이 동물원 운영자는 경찰에 신고했고 1시간 안에 동물원 밖에 배치된 소방관만 200명이었다. 동물원에서 태어나 살던 동물들 대부분은 탈출하더라도 야생성이 별로 없어 동물원 밖을 떠나지 않으려는 경향이 있다. 서울대공원 사건이 났을 때 로스토프를 발견한 사람은 로스토프가 얌전한 고양이처럼 앉아 있었다고 기억했다.

당시 서울대공원 운영자는 사육사와 수의사만 배치해 로스토프에게 마취총을 쐈고 쉽게 로스토프를 포획할 수 있었다. 서울대공원 운영자는 소방관, 경찰당국을 모두 물리고 조용히 호랑이를 포획할 수 있다는 점을 설득했다. 그러나 뽀롱이 때는 그렇지 못했다. 수의사들은 뽀롱이를 조용히 포획할 수 있다고 주장했지만 그 의견은 받아들여지지 않았다. 순식간에 경찰과 소방관이 몰려들었다. 동물원장이 위기 대응에 대한 리더십을 발휘하지 못한 것이다. 뽀롱이는 엽사에 의해 사살되었다.

뽀롱이의 죽음 이후 동물원 폐지론이 제기되었다. 뽀롱이는 죄가 없다. 그냥 열려진 문으로 나갔을 뿐이고 동물원 밖을 돌아다니다가 총에 맞아 죽었다. 시민들이 동물원을 비판하는 것은 당연한 일이었다. 시민들은 실제로 분노했다. 그러나 아쉬운 것은 모든 언론이 자극적인 이야기와 대책에만 관심을 가졌다는 점이다. 일반 시민의 입장에서는 안타까운 마음에 동물원 폐지론을 꺼낼 수 있다. 그러나 어떤 문제가 발생하면 문제의 원인과 대책을 내놓는 데에 다소 시간이 걸린다. 감성적인 분노는 걷어내고 진짜 문제의 원인을 밝히고 해결책을 만들어야 한다. 뽀롱이 사건은 동물원 운영자의 리더십이 얼마나 중요한지를 보여줬다. 동물원 폐지는 사건 해결의 본질이 아니다.

동물원과 수족관은 전문적인 기관이다. 행정업무만 담당하던 사람이 동물원과 수족관의 운영의 최고책임자가 되게 해서는 안 된다. 동물원장과 수족관장은 실제로 동물원과 수족관에서 일한 경험이 있어야 하고, 연구와 종 보전, 동물복지를 위해 어떤 기준이 필요한지에 대한 이해와 전문적 식견이 있는 사람으로 선출해야 한다.

마리우스, 동물에게 안락사가 최선일까? 

2013년, 전 세계는 덴마크 코펜하겐 동물원이 공개한 충격적인 영상을 접했다. 코펜하겐 동물원은 근친교배로 태어난 기형 기린 마리우스의 안락사를 결정했고, 이 안락사 과정을 언론과 시민들에게 공개한 것이다.

잡종의 탄생과 근친교배에 의한 번식은 현대 생물학의 성과에 기반을 둔 종 보전 원칙에 어긋난다. 멸종 위기종의 유전자 보유는 유전자 조사를 통해 확인된 순종끼리 교배해야 하고 유전적 다양성을 위해 근친을 피해야 한다. 만약 이 원칙에서 벗어나 태어난 동물이 있다면 보통의 경우 그대로 동물원이 보유하거나 다른 동물원과 교환하기도 한다. 문제는 그 동물이 다른 동물원으로 가게 되었을 때 환경이 더욱 열악한 곳으로 갈 가능성이 더 높다는 것이다. 종 보전

덴마크 코펜하겐 동물원은 기린 마리우스를 공개 도살했고 이는 세계적으로 큰 반향을
일으켰다.

의 가치가 없는 잡종이나 근친교배로 태어난 동물은 새끼 때가 아니고서는 어느 동물원에서도 찬밥 신세를 면하기 어렵다.

안락사의 방법은 마리우스의 미간 위 급소, 즉 두개골을 친 후 기절한 상태에서 피를 빼는 것이었다. 죽은 것을 확인한 이후 마리우스의 사체를 잘라 맹수의 먹이로 줬다. 동물을 인위적으로 죽이고 사체를 잘라 맹수의 먹이로 주는 모든 과정을 공개했다는 점에서 이 사건은 전 세계에 충격을 줬다. 기린을 죽이고 몸을 잘라 사자에게 준다니…, 상상만 해도 끔찍한 일인데 이것을 방송으로 중계하기까지 했으니 전 세계가 발칵 뒤집힐 만했다.

어떻게 이런 일이 가능할까? 대부분의 동물원은 안락사를 시행한다 해도 대중에게까지 공개하지는 않는다. 시민들의 일반 정서를 생각해서다. 그러나 코펜하겐 동물원은 불편한 문제를 회피하면 더

안락사 euthanasia 

안락사는 '좋은 죽음'을 의미하는 라틴어에서 유래한다. 인간의 경우 환자를 고통에서 해방시켜 안락하게 죽인다는 의미에서 사용하며 최근에는 존엄사라는 용어로 사용한다. 인간과 달리 동물의 경우 동물이 처한 상황에 따라 여러 이유에서 안락사를 시행한다. 실험동물의 경우 실험이 종료되면 동물을 안락사하는데 일반적으로 수의사협회에서 만든 가이드라인과 각 나라의 법률에 맞는 방법을 선택한다. 안락사는 반드시 수의사에 의해 수행되어야 하며 동물에게 고통을 주지 말아야 하고 되도록 많은 사람과 의논해 결정하되 결과는 공개되어야 한다.

문제가 심각해진다고 보았다. 다른 동물원들도 남아도는 동물을 처리하는 과정이 결코 아름답지 않다는 것이다. 동물원에서는 동물의 숫자가 너무 늘어나 감당할 수 없게 되면 비공개로 다른 동물원으로 보내거나 안락사한다. 이런 일들이 실제로 어떻게 처리되는지는 동물원 관계자가 아니고서야 잘 모른다. 좋지 않은 환경으로 보내져 평생을 고생하며 살다 죽는다 한들 누가 알겠는가.

마리우스를 죽인 방법 역시 너무 잔인하다는 여론이 많았다. 그러나 객관적으로 볼 때 그것은 잔인한 방법이 아니다. 우리가 먹기 위해 소를 죽일 때 흔히 쓰는 방법 중 하나이기 때문이다.

기린과 같은 대형동물은 약물로 안락사하기 어렵다. 약물의 용량이 몸무게에 따라 늘어나기 때문에 기린처럼 무거운 동물에게는 투약 비용이 많이 들어간다. 그래서 캡티브 볼트(captive bolt)라는 도축장에서 쓰는 도구로 머리 위 급소를 쳐서 기절 후 피를 빼는 것이 대형동물의 안락사에 흔히 쓰이는 방식이었다. 전 세계적인 비난이 쏟아지자 코펜하겐 동물원은 오히려 당당하게 자신들의 입장을 표방했다. 태어난 동물의 생명을 인위적으로 끊어야 하는 것은 명백히 동물복지의 기본 원칙에 어긋나는 것이다. 또한 인도적인 안락사란 현대 수의학의 한계상 치료가 불가능하고 동물의 고통이 해결될 수 없는 상황에만 한정되어야 한다. 이런 관점에서 볼 때 마리우스의 안락사는 비인도적인 결정일 수 있다. 그러나 코펜하겐 동물원 측은 한정된 공간에 제한된 예산으로 감당할 수 없는 잉여 동물이 태어날 경우 이 동물들의 처우에 대한 올바른 답을 내려야 할 의무 또한 있다고 설명했다.

"마리우스가 태어난 것은 우리의 실수이고 잘못이다. 우리가 책임질 것이고 비난을 받아야 한다면 받겠다."

몰래 잉여 동물을 안락사한 채 착한 척하지 않겠다는 것이다.

동물의 생사를 인간의 힘으로 조절할 수밖에 없는 곳. 이 사건을 통해 동물원이 가진 한계를 생각해 볼 수 있다. 동물원은 자연생태계가 아니기 때문에 스스로 개체 수를 조절하기 어렵다. 동물들이 살아가는 환경이 좋을수록 동물들의 번식률은 증가한다. 새끼를 많이 낳는 것이다. 결국 동물원의 역사가 오래될수록 좁은 환경에서 수용할 수 없는 잉여 동물이 늘어날 수밖에 없다. 마리우스를 안락사했던 것은 동물원이 실패한 종 관리 계획에 대해 동물원 스스로 책임지겠다는 결정에 따른 것이다.

동물원은 동물들이 감당할 수 없을 정도로 동물 개체 수가 늘어나지 않도록 발정기가 되면 암수를 분리하거나, 불임수술을 하거나, 다른 동물원과 교환 · 기증을 하거나, 개인에게 입양을 보내는 등 동물원에 살고 있는 동물들의 숫자를 조절해야 한다. 그러나 동물원도 사람이 관리하다 보니 때로는 실수할 수도 있다. 생각하지 못한 동물들이 태어날 수도 있다는 의미다. 모든 생명의 탄생은 축

하해야 할 일이다. 그러나 감당할 수 없이 동물들이 불어난다면 어떻게 해야 할까. 만약 다른 동물원으로 기증하고 싶어도 불가능할 때는 어떻게 할까.

일반인들이 가축으로 길러 잡아먹기도 하는 동물의 경우, 옛날 동물원 사육사들은 도축업자에게 전화를 걸어 데려가라고 하는 경우도 있었다고 한다. 어차피 사람이 먹는 동물이니 남아돌아가는 동물을 넘길 수도 있다는 생각이었다. 그러나 지금처럼 시민들의 동물복지 의식이 높아진 상황에서 어느 동물원도 그런 방식으로 잉여 동물을 처리하려고 하지 않는다. 동물을 사랑하는 아이가 만약 자신이 예뻐하던 토끼가 어느 날 도축장으로 끌려갔다는 것을 알게 된다면 어떨까. 이런 방식은 동물원도 피할 것이다. 따라서 동물원 같은 기관에서 동물을 사육할 때 안락사를 결정해야 하는 경우가 있다. 모든 절차는 정당한 이유와 합리적인 방식으로 결정되어야 하고, 투명하게 시행되어야 한다.

안락사한 대형동물의 사체는 묻거나 소각을 해야 한다. 그러나 이 또한 쉬운 일이 아니다. 동물의 사체를 묻을 때에는 나라에서 정한 법에 따라야 한다. 우리나라의 경우 동물의 사체는 소유자의 땅일 경우에만 묻을 수 있다. 동물 사체를 함부로 묻게 되면 지하수가 오염될 수 있기 때문이다. 그렇지 않으면 소각을 시켜야 하지만 동물 사체 화장장의 소각로 입구는 그리 크지 않다. 대형동물이라면 거의 사체를 잘게 잘라야 한다. 그리고 이 사체를 소각하는 데에는 비용이 추가된다. 남은 방법은 맹수의 먹이로 주는 것이다. 맹수들은 이때 야생의 방식으로 먹이를 먹는 경험을 할 수 있다.

이 모든 일이 동물원을 환상과 꿈의 공간으로 선전한 동물원으로서는 매우 큰 부담이다. 겉과 속이 다른 행동을 했다고 보기 때문이다. 그러나 코펜하겐 동물원은 이를 시민들에게 공개하며 그들의 철학을 전했다.

"우리는 우리의 약점을 비밀로 하지 않는다. 자연은 환상이 아니며 동물원도 동물들에게 꿈의 공간이 아니다."

코펜하겐 동물원은 호랑이와 사자 같은 맹수가 자연에서 먹는 방식 그대로를 고수하고, 또 이를 대중에게 공개하는 것으로 유명하다. 호랑이와 사자는 때때로 살아 있는 동물을 사냥하기도 하고, 죽은 동물을 뼈째 통째로 씹어 먹어야 충분한 영양소를 섭취할 수 있다. 그러나 염소를 통째로 아작아작 씹어 먹는 모습은 관람객이 볼 때 결코 아름다운 장면이 아니다. 이런 이유 때문에 대부분의 동물원에서는 이런 장면을 공개하지 않고 관람객이 모두 나간 이후에 실시한다. 그러나 덴마크 코펜하겐 동물원은 이런 장면을 모두 공개한다. 수의사 마스 베르텔센은 다음과 같이 말한다.

"동물은 원래 그렇게 먹어야 합니다. 호랑이에게 말고기를 갈아 만든 페티를 먹이로 준다면 그것 역시 말을 먹는 것이긴 해도 단단한 뼈를 으스러뜨리고 연골을 씹고 가죽과 털을 소화할 때 얻게 되는 영양상의 이득은 다 놓치게 됩니다."

실제로 육식동물이 야생에서 사냥했을 것 같은 먹잇감(태즈메이니아 데빌은 캥거루, 사자는 일런드영양, 치타는 가젤)을 온전한 형태로 먹게 하는 동물원에서는 동물의 이가 더 깨끗하고 튼튼하며, 잇몸도 건강하고, 심지어 태도가 느긋해지는 등 행동까지 긍정적으로 변한다고 한다.

동물원은 야생이 아니다. 그러나 동물원이 보유하고 있는 동물 대부분은 야생동물이다. 동물원에 찾아오는 관람객 중 주요 고객은 아이들이다. 아이들은 동물을 보면서 즐거워하고 꿈을 키운다. 그러나 동물원의 동물들은 사람과 감정적으로 교류하는 반려동물과는 다르다. 그들을 야생과 최대한 가까운 환경에서 보호해야 하고 아이들에게도 야생에서의 동물들의 삶을 교육해야 한다. 관람객의 정서를 고려해야 하지만 진실을 숨겨서는 안 된다.

코펜하겐 동물원 마리우스 사건의 교훈은 무엇일까. 우리는 동물원의 장점과 단점, 가능성과 한계를 모두 살펴볼 필요가 있다. 동물원은 환상의 공간이 아니다. 동물원의 관리는 매우 어렵고 전문적인 지식과 경험이 있는 사람들에 의해 운영되어야 한다. 아무리 전문적인 사람들이라고 해도 실수는 발생한다. 실수를 대비해 위기대응 관리 능력 또한 갖춰야 한다. 뽀롱이가 그랬고 마리우스 역시 마찬가지였다.

동물이 동물답게 살 수 있는
환경 풍부화

풍부화(enrichment)란 동물원과 수족관과 같이 사육 상태에 있는 동물들이 제한된 공간에서 보이는 무료함과 비정상적인 행동 패턴을 줄여주고 최대한 야생에서 보이는 건강하고 자연스러운 행동이 나타날 수 있도록 하는 프로그램을 의미한다. 풍부화는 행동 풍부화(behavioral enrichment), 환경 풍부화(environment enrichment)를 혼용해 사용하고 있는데, 행동 풍부화는 사육 상태에 있는 야생동물의 건강한 행동을 유도하기 위해 시도하는 모든 프로그램이고, 환경 풍부화는 사육하는 동물이 살고 있는 전시 환경을 자연과 유사하도록 다양하게 조성해주는 것을 의미한다.

야생에서 동물들은 시간과 에너지를 들여 먹이를 찾고, 구한 먹이를 가공, 분류하고 영역을 지키며 보금자리를 만들지만 동물원의 동물들은 별다른 어려움 없이 먹이와 잠자리를 구할 수 있게 된다. 따라서 야생에서처럼 행동을 표현하고 욕구를 충족할 기회를 가지지 못하게 되는데 이 때문에 신체적 질병이 생기거나 정신적으로 스트레스를 받게 된다. 행동 풍부화 프로그램은 다음의 이유에서 필요하다.

1) 동물들이 활동량을 늘려 사육 동물이 받는 자극 수준을 스스로 조절할 수 있게 한다.
2) 사육사들이 야생에서 보이는 동물들의 행동을 보며 다양한 관리 방안을 만들어내게 한다.
3) 관람객들이 야생동물의 자연스러운 행동을 보게 되어 야생동물을 올바르게 이해할 수 있게 한다.

4) 동물들이 야생에서 보이는 행동을 충분히 유도해 이후 자연으로 돌아갔을 때
   잘 적응하도록 한다.

행동 풍부화의 종류는 다음과 같다.

1) **환경** (Physical habitat) 전시장의 물리적 환경을 종에 맞게 변경하는 방식이다.
   풀장이나 진흙 구덩이를 조성해주고 밧줄이나 나뭇가지를 이용해 다양한 동
   선을 제공해주는 방식 등이 있다.

2) **먹이** (Food) 먹이 종류를 다양하게 하거나 제공하는 방법에 변화를 주는 방식
   이다. 먹이를 흩뿌려주거나 퍼즐통 안에 감추어두는 방식, 통째로 먹이를 주
   는 방식 등이 있다. 동물들은 흩어지거나 감춰진 먹이를 찾는 과정을 통해 무
   료함을 달랠 수 있다.

3) **사회성** (Social) 야생의 사회적 그룹을 고려해 전시하는 방식이다. 사회적 서
   열을 고려해 무리를 지어 살게 하거나, 혼자 살아가는 동물들의 경우에는 다
   른 종의 시선을 피해 숨을 공간을 확보해준다. 같은 서식지에서 사는 동물들
   끼리는 혼합 전시를 하기도 한다.

4) **감각** (Sensory) 야생에서 동물들은 생존하기 위해 시각, 청각, 후각 등 다양한
   감각 기관을 이용하는데 이런 조건을 제공하는 방식을 의미한다. 후각을 자극
   하기 위해 향신료, 허브, 다른 동물의 냄새를, 청각을 자극하기 위해 야생 서
   식처의 자연소리, 포식자 및 동종의 소리를 이용하기도 한다. 시각을 자극하
   기 위해서는 상위 포식자와 근접 전시하거나 다양한 색깔의 아이템을 이용한
   다. 미각을 자극하기 위해서는 다양한 질감과 맛을 지닌 사료를 제공하기도
   한다.

5) **인지** (Cognitive) 동물이 생각할 수 있도록 정신적 자극을 준다. 놀이 풍부화라
   고도 한다. 새로운 먹이나 물건, 냄새, 먹이 퍼즐통을 통해 새로운 경험을 하
   게 해준다.

서울대공원은 2014년, 10년 동안 실시한 동물 행동 풍부화 기록을 담은 동물 행동 풍부화 실전백과를 펴냈다. 서울대공원의 경험은 다른 동물원에도 모범 사례가 되고 있다. 다음은 실전백과에 실린 실 사례다.

1) **환경**: 기어오르는 습성의 동물들을 위해 구조물로 횃대를 설치하고 여러 재료를 사용한 기질을 만들어 제공한다. 둥지와 굴을 좋아하는 동물들에게는 스스로 둥지를 만들도록 둥지 재료를 제공한다. 사람이나 다른 동물의 시선을 피하고 숨을 수 있는 은신처를 제공한다. 과도한 빛이나 바람을 피할 수 있는 곳, 온도나 습도를 적절하게 조절할 수 있도록 한다.

2) **먹이**: 하이에나에게 멜론을 주거나 설치류에게 얼린 주스를 주는 등 평상시에 먹지 않는 음식을 준다.

3) **사회성**: 침팬지는 무리생활을 유도하고, 퓨마는 단독생활을 하도록 한다. 상호 교류를 위해 서로 다른 종(말과 염소, 앵무새 무리)을 혼합 전시하기도 한다.

4) **감각**: 촉각을 자극할 수 있는 솔로 된 판을 제공한다. 후각을 자극하기 위해 향수, 배설물 등을 둔다. 청각을 자극하기 위해 다른 동물의 울음소리, 실로폰, 벨 등을 이용한다. 시각을 자극하기 위해 거울을 놓거나 움직이는 장난감을 제공한다.

5) **인지**: 정신적 자극을 위해 퍼즐 먹이 훈련을 한다. 새로운 경험을 위해 특이한 먹이를 주거나 특이한 냄새로 자극한다.

이스라엘의 한 사파리 동물원에서 감각 풍부화를 하는 사자의 모습. 염소의 잠자리로 쓰여 염소의 냄새가 밴 포대를 사자가 물고 있다.

ZOO

5.

동물원에 가두기 어려운 동물들

인간이 아닌 인격체 🐾

전 세계에는 약 만 개 이상의 동물원이 있다. 동물원의 재정 규모와 보유 동물, 복지 수준 역시 제각각 다르며 동물원의 설립 목적도 조금씩 차이가 있다. 19세기 미국과 유럽에서 건립되기 시작한 동물원은 여러 나라에서 다양한 방식으로 확장, 변형되어 발전되어 왔다. 그중 어떤 기능은 발전했으며 어떤 기능은 문제를 일으켰고 일부는 사라지고 있다. 공연하는 돌고래를 보유하고 있는 수족관은 감소 추세다. 미국의 유명한 코끼리쇼 업체인 링링 브라더스는 최근 코끼리 공연 중단을 선언했다. 이동 공연 서커스 역시 유럽에서 거의 사라졌다. 동물을 전시하는 방법도 변하고 있으며 전시 기준법도 다양하게 정비되고 있다.

21세기 동물원은 어떤 방향으로 발전하고 있을까? 최근에 대두되는 동물원을 둘러싼 논쟁 중 하나는 동물원에 가두기 어려운 동물이 따로 있다는 것이다. 모든 생명은 소중하고 모든 동물은 존중해야 하지만 동물원과 수족관이 감당하기 어려운 동물들이 있다. 이는 수십 년간의 논쟁을 통해 정착되었고 여러 과학적 증거와 자료들이 증명하고 있다. 최근 '비인간 인격체'라는 용어가 등장해 인간처럼 자의식을 가진 동물로 돌고래, 코끼리, 영장류 등이 거론되고 있다. 인간은 아니지만 인간처럼 인격을 가진 동물이라는 것이다. 이들은 거울을 통해 자신을 들여다보고 자아를 인식할 뿐 아니라 자기 자신과 남을 구분하고, 고통에 대한 기억을 오래 간직하며 혈연 혹은 깊은 유대관계를 가진 같은 종의 동물들과 무리 생활을 한다. 가족을 이루고 산다는 의미다. 그들을 자연서식지에서 강제로 포획하는 과정은 과거나 현재나 다르지 않다. 그들 중 상당수는 자신의 생물학적 특성에 맞는 환경에서 살지 못하고 있다. 기후와 식생, 서식지의 특징, 동료와의 사이 모두 자연스럽지 못하다. 이로 인한 문제는 생각보다 심각하다. 이들이 갇힌 동물원과 수족관의 환경은 근본적으로 그들의 신체적 조건에 맞지 않다. 그들은 외로워하며 우울증과 만성 스트레스에 시달리며 살아간다. 동물원이 이들을 보유하려면 보다 철저한 관리와 기준을 세워야 한다.

코끼리

　동물원에는 전 세계 각국에서 온 다양한 동물들이 있다. 그중 대중에게 가장 인기 있는 종은 코끼리, 코뿔소, 기린, 사자 등이다. 19세기 유럽인들이 아프리카의 진기한 동물을 포획해 전시하던 때와 지금도 크게 달라지지 않았다. 동물원이 관람객에게 주는 즐거움 중 하나는 평상시에 볼 수 없는 동물을 볼 기회를 제공한다는 것이다. 그러나 동물들의 건강과 복지는 갇힌 환경에서 심각하게 나빠질 수 있으며, 그중 특정 종의 경우 가두는 것 자체가 불가능할 수 있다.

　앞에서 언급했듯이 최근 과학자들의 연구 결과 코끼리와 돌고래, 침팬지 등의 영장류 등이 자의식이 있다는 것이 밝혀졌다. 자의식이 있다는 것은 자신이 한 행동을 스스로 생각하고 평가할 수 있다는 것이며, 감정 표현을 할 줄 알고 자아의 연속성이 있다는 것을 의미한다. 자아의 연속성의 예를 들어보자. 간혹 동물원과 서커스에서 동물이 구역을 탈출해 사람들을 공격하는 사건이 발생하곤 한다. 언론은 이를 야생동물의 돌출행동이라고 표현하지만 학자들은 그 행동이 자신을 학대한 사람을 오랫동안 기억했다가 보복하는 것이라고 보고 있다. 인간도 누군가에게 상처를 받으면 오랫동안 마음에 품고 있다 후에 나를 공격한 사람을 기억해내기도 한다. 자아의 연속성이란 '나는 아프다. 나는 괴롭다. 나는 행복하다. 나는 불행하다.' 이런 생각을 오랫동안 간직하는 것을 의미한다. 코끼리도 그렇다. 코끼리 중에는 사랑하는 코끼리가 죽었을 때 비통한 슬픔을 표현하거나 친척들이 죽어 뼈만 남은 곳에 반복적으로 찾아가는 것들이 있다. 그들은 기억력이 탁월하다. 쇼에서 친구로 지내다 헤어진 코끼리들이 수십 년이 흐른 후 다시 만나 서로를 기억하는 경우도 있다.

최근 코끼리는 야생 개체 수가 급감함으로써 멸종 위기에 처한 야생 동식물의 국제거래에 관한 조약(CITES)에 의해 적절한 기관에서 보존·교육·과학적 연구 목적으로만 수입, 수출이 허용되고 있다. 자연 상태에서 코끼리 개체 수가 빠른 속도로 감소하자 동물원에서는 스스로 번식을 통한 종 보전 역할을 하겠다고 나섰다. 그러나 세계자연기금(WWF)나 세계자연보전연맹(IUCN)은 감금 상태에서의 번식(Breeding)이 개체 수 보존에 크게 기여하지 않는다고 판단하고 있는데, 이는 낮은 번식률과 높은 사망률 때문이다. 유럽 동물원의 경우 코끼리의 유아 사망률에 있어 사산이 15%에 달하고, 영아 살해는 16.7%에 달한다. 사산이란 뱃속에서 새끼가 죽는 것이고, 영아 살해는 태어난 새끼를 어미가 죽이는 것이다. 육아를 거부하는 비율은 5.8%에 달하고 있는데, 주된 원인은 어린 시절 엄마로부터 일찍 떨어지게 된 것이라고 볼 수 있다. 코끼리들은 보통 아이를 기르고 먹이를 찾는 등 생활에 필요한 지혜를 엄마 코끼리와 할머니, 이모 등 모계로부터 배운다. 그러나 어릴 적 엄마와 할머니로부터 떨어지게 되었고, 새끼를 낳고 기르는 것을 배우지 못한 상태에서 출산을 한 어미 코끼리는 새끼 코끼리를 돌보지 않기도 한다.

가장 큰 사망 원인은 역시 질병이다. 유럽 동물원의 코끼리의 11.4~20.0%는 심장병 같은 순환 장애에 시달리고 있다. 운동 부족과 스트레스, 체중 증가 등이 주원인이다. 50% 정도가 운동 부족과 발 관련 질병에 시달리고 있으며, 부적절한 돌봄을 받는다. 눅눅하고 비위생적이며 부적합한 재질로 된 전시 공간에서 영양 불균형을 겪고 활동 부족으로 인한 몸무게 증가로 고생하고 정형 행동을 하며 지속적인 스트레스에 노출되어 있다.

동물원에서 가장 사랑받는 동물이지만 동물원에서 가장 살아가기 어려운 동물이 코끼리라는 사실은 잘 알려져 있지 않다. 더운 나라 태생이라 온대와 냉대 지방의 동물원에서는 겨울이 되면 좁은 실내 전시관에 갇혀 지내야 한다. 청소 문제 때문에 실내관 대부분은 모두 콘크리트 바닥일 수밖에 없다. 운동량이 부족해 관절에 무리가 갈 수 있지만 덩치가 커서 수의사가 코끼리를 진찰하기가 쉽지 않다. 정기적인 진찰을 위해서는 긍정적 강화훈련을 통해 수의사가 코끼리의 몸 상태를 가까이에서 볼 수 있어야 한다. 매번 마취할 수 없기 때문이다. 그러나 불행하게도 긍정적 강화훈련을 하

정형 행동 stereotyped behavior

정형 행동은 목적 없는 행동을 반복하는 것을 의미하며 동물원 같은 인위적인 공간에 갇힌 야생동물들에게서 흔히 드러나는 증상을 의미한다. 야생동물 외에도 이른바 강아지공장 puppy mill 같은 곳에 갇힌 번식견들이나 공장식 축산 시스템에서 사육되는 가축들에게도 나타난다. 과학자들은 정형 행동은 아동자폐증 환자에게서 나타나는 증상과 유사하다고 보고 있다. 동물원에 갇힌 야생동물의 경우 넓은 반경의 자연서식지에서 살았던 동물일수록 더욱 많은 정형 행동을 한다. 늑대, 코요테 같은 개과 동물이나 호랑이 같은 고양잇과 동물의 경우 일정한 반경을 뱅글뱅글 돌거나 한쪽 모서리에서 다른 쪽 모서리 끝까지 왔다 갔다 하는 행동을 반복하는 모습이 관찰된다. 코끼리와 곰과 동물의 경우 머리를 흔들거나 한쪽에서 반대쪽으로 왔다 갔다 하는 행동을 반복하는 모습이 흔히 관찰된다. 정형 행동은 한번 나타나면 다시 사라지기 매우 어려우며 정형 행동 여부는 동물의 건강과 복지를 평가하는 가장 중요한 지표 중 하나이다.

는 동물원은 많지 않다. 우리나라의 경우 서울대공원 동물원에서 2014년에서야 긍정적 강화훈련을 시작했다. 이것은 곧 우리나라의 다른 동물원 대부분이 코끼리의 건강 상태를 제대로 보지 못하고 있으며, 이에 대한 명확한 조사결과가 이루어지지 않고 있는 것을 의미한다.

2016년 일본의 하나코라는 코끼리가 전 세계 언론의 주목을 받았다. 하나코는 1947년 태국에서 태어나 두 살 때 일본의 한 동물원으로 보내졌다. 코끼리는 매우 사회적인 동물이지만 하나코는 친구

하나 없이 60년간 좁고 황량한 전시관에 홀로 전시되었다. 건강 상태는 나빴고 정형 행동도 극심했다. 전 세계 언론에 하나코의 사연이 소개되면서 동물단체들은 하나코를 야생동물보호구역으로 보내자는 운동을 시작했다. 그러나 동물원측은 하나코를 잘 돌보고 있으며, 또 하나코가 나이가 많아 장거리 이동은 불가능하다는 주장을 펼쳤다. 만약 코끼리의 건강 상태가 더 이상 동물원에서 감당할 수 없는 수준으로 악화되었다면 안전한 휴식처로 옮기는 것이 올바른 선택이다. 그러나 동물원은 왜 이런 결정을 하는 데 주저하는 것일까.

여기에는 동물원이 코끼리를 보유하는 이점을 포기하지 않으려는 심리가 있다. 동물원은 기본적으로 코끼리를 비롯한 동물들을 소유물로 생각하는 경향이 있다. 이런 경향이 나타나는 이유는 관

긍정적 강화훈련

사육사와 수의사가 동물에게 먹이를 주고 스킨십을 유도해 동물의 몸을 관찰하기 쉽도록 하는 훈련을 긍정적 강화훈련이라고 한다. 코끼리의 경우 긍정적 강화훈련을 통해 매일 발 관찰을 해줘야 하고 돌고래 역시 치아 및 몸 전체를 관찰해줘야 한다. 긍정적 강화훈련은 동물원뿐 아니라 실험기관에도 필요하다. 개와 영장류 같은 동물은 좁은 공간에서 많은 스트레스를 받으면 질병에 쉽게 걸리고 스트레스로 예민해져 자칫하다가는 사육자를 공격할 수 있다. 실험실 동물을 다루다 다친 실험자들 역시 이러한 동물의 공격으로 인수공통전염병에 전염될 수 있다.

일본 기치조지역에 있는 하나코의 동상.

람객의 수요 때문이다. 관람객들이 코끼리를 보고 싶어 하고 동물원은 그 욕구를 충족시켜 주는 중요한 기관이기 때문이다. 그러나 많은 환경단체와 동물보호단체의 활동가들은 코끼리를 본래의 생태 서식지가 아닌 곳에서 전시하는 것에 근본적인 문제가 있다고 제기하고 있다.

실제로 동물원이 코끼리의 소유를 포기한 사례가 있다. 디트로이트 동물원은 코끼리의 사육을 포기했는데, 당시 아시아 코끼리였던 완다와 윙키는 매일 관절염 약을 먹어야 했고 항생제와 진통제로 연명하며 살고 있었다. 당시 디트로이트 동물원장은 코끼리를 진정으로 위하는 일은 그들을 동물원이 소유하지 않는 것이라며 완다와 윙키를 4만 평이 넘는 야생동물보호구역으로 보냈다.

코끼리를 보유하고 있는 동물원들은 대부분 코끼리에 대한 깊은 애정을 가진 사육사와 수의사들을 고용해 최선을 대해 코끼리를 돌보고 있다. 그럼에도 왜 많은 동물원 코끼리들이 불행하고 건강하지 않을까.

미국동물원수족관협회(AZA)의 코끼리의 관리와 보호에 관한 규정을 보면 코끼리를 동물원 같은 인위적인 공간에서 제대로 보호하는 것이 어렵다는 것을 알 수 있다. 첫째, 코끼리는 가능한 한 자연스럽게 외부에서 자연광을 쬐며 흙을 밟고 모래목욕이 가능한 공간에 24시간 머무를 수 있어야 한다. 또한 실내에 장기간 머물러야 할

상황이라면 실내 전시관 역시 코끼리의 생태에 맞도록 최대한 배려
해줘야 한다. 27℃ 이상의 직접적인 태양광에 노출될 때에는 그늘
을 만들어줘야 한다. 실외 전시관은 배수가 잘 되어야 하고 먹이를
먹는 공간은 깨끗하고 건조해야 하며 흙, 모래, 풀 등으로 구성되어
야 한다. 둘째, 발 건강을 제대로 지킬 수 있는 조건을 마련해야 한
다. 우리 내 배설물은 매일 청소되어야 하고 실내 바닥에 고여 있는
물은 박테리아 번식의 주원인이 될 수 있으므로 빨리 마를 수 있도
록 바닥이 경사져 있어야 한다. 또한 발 관리에 대한 문서화된 규약
을 가지고 있어야 하고 이를 공개할 수 있어야 한다. 코끼리의 발 관
리는 의무화되어야 하고 대중에게 투명하게 공개되어야 할 정도로
발 건강은 코끼리의 건강에서 중요한 요소다.

　코끼리들에게 이보다 더욱 중요한 것은 사회적 무리를 유지하도
록 해줘야 한다는 점이다. 코끼리는 매우 사회적인 동물이고 코끼
리들끼리의 상호작용이 매우 중요하다. 그러나 대부분의 동물원 코
끼리들이 대중에게 전시될 목적으로 아프리카, 아시아에서 가족 무
리와 강제적으로 헤어진 후 팔려왔다. 코끼리들은 모계를 중심으로
한 무리생활을 하기 때문에, 특히 암컷이 너무 어릴 때부터 가족과
떨어져 살기 시작하면 우울증과 스트레스를 겪고 번식능력이 감퇴
하는 등 큰 문제가 생긴다. 수컷의 경우 대략 6세 이후가 되면 어느
정도 단독생활이 가능하지만 그렇다고 사회적 상호관계가 전혀 없

어도 된다는 의미는 아니다. 수컷 코끼리도 가끔 말동무가 될 친구가 필요하다. 그러나 대부분의 동물원은 코끼리를 한 마리나 두 마리 보유하고 있고, 여러 마리가 있다고 해도 서식지가 각각 다른 곳에서 들여와 상호 소통이 가능하지 않은 경우가 많다. 그래서 그들 사이에 서열이 생기거나 공격성을 드러내기도 한다. 코끼리 여러 마리를 동물원에서 함께 사육하면 외롭지 않을 것이라고 생각하는 것은 코끼리에 대해 전혀 알지 못하는 사람들의 추측이다. 인간이 자신의 취향에 따라 친구를 선택하듯이 그들에게도 취향이 있다.

아시아 코끼리는 오래 전부터 벌목에 이용되어 왔다. 태국 정부가 벌목을 금지한 이후에 코끼리 소유주들은 코끼리를 데리고 거리로 나왔다. 코끼리들은 구걸과 서커스, 트래킹에 이용되며 새로운 관광산업의 도구로 전락했다. 서식지의 파괴로 부모를 잃고 어릴 때 고아가 되거나 여러 경로로 숲을 벗어난 코끼리들은 세계 여러 나라로 팔려갔다. 오래 전부터 코끼리를 길들이기 위해 동남아시아의 주민들이 사용하던 방식 중 '파잔'이라는 것이 있었다. 어린 코끼리를 좁은 틀 안에 가둔 후 눈과 항문 등 민감한 부위를 찌르는 일종의 고문이었다. 파잔 의식으로 많은 코끼리들이 죽었지만 일부는 인간에게 복종하는 법을 익힌 후 살아남아 각종 노역에 동원되었다. 이들이 코끼리를 조련할 때 사용하던 엔커스라는 도구는 끝이 뾰족한 갈고리처럼 생겼는데, 이 도구로 코끼리를 복종시켰다. 규모나 시설, 재정이 열악한 작은 동물원 중에는 아직도 이 도구를 사용하는 곳이 있다. 덩치 큰 코끼리를 제어하기 어렵기 때문이라는 이유에서이다. 그나마 엔커스를 사용하지 않는 동물원은 사육사와 코끼리의 상호 소통이 잘 되는 곳이라고 할 수 있다. 그러나 이런 곳도 코끼리에게 가까이 다가가기 어렵기 때문에 사실상 코끼리의 건강이나 감정을 자세히 살피지 못하고 있다.

인간이 경험하는 외상 후 스트레스 증후군을 코끼리도 경험할 수 있다. 서식지와 파괴와 밀렵, 사냥 등으로 고아가 된 코끼리를 돌본 경험이 있는 사람들은 그들이 대부분 수면 장애, 공격성, 우울, 사회 및 환경에 대한 무관심, 무기력, 체념 등을 경험한다고 전한다. 서식지 파괴에 따른 개체 수 급감, 가족과의 강제 분리, 낯선 환경으로의 이전, 열악하고 좁은 전시 환경, 혼자 지내야 하는 외로움. 이것은 전 세계 대부분의 동물원 코끼리들이 겪는 운명이다.

2018년 우리나라의 여름은 뜨거웠다. 연일 30°C가 넘는 더위가

외상 후 스트레스 장애 Post-traumatic Stress Disorder, PTSD

생명을 위협할 정도의 극심한 스트레스(정신적 외상)를 경험하고 나서 발생하는 심리적 반응을 의미한다. 충격적이고 어려운 사건을 당한 이후 이를 경험한 사람이 겪는 심리적 장애를 의미해, 일반적인 스트레스 정도를 넘는 심한 심리적 고통을 겪는다.

한 달 이상 계속되었을 때, 서울대공원의 수컷 코끼리가 갑자기 사망했다. 폭염이 원인일 것으로 추정하고 있다. 몸의 체표면이 넓은 동물일수록 더위에 약하다. 실제로 코끼리는 25°C가 넘어가면 더위에 아주 취약하다.

이렇듯 동물원에서 코끼리를 제대로 관리하는 것은 대단히 어렵다. 동물원이 코끼리를 보유하기 위해서는 많은 준비와 실력이 필요하다. 과연 동물원이 앞으로 코끼리를 어떻게 보호해야 할까. 자연으로 돌려보내는 게 낫지 않을까. 아쉽지만 코끼리들이 살던 야생은 현재 거의 다 파괴된 상태이다. 더군다나 아프리카의 경우 상아를 얻기 위해 아직도 불법적인 밀렵이 성행하고 있다. 야생 역시 코끼리들에게 위험천만한 환경이다. 동물원에 있던 동물을 야생 서식지로 돌려보낼 때는 원래 있던 서식지로 가야 한다는 원칙을 지켜야 한다. 현재 우리나라 동물원에 살고 있는 코끼리들은 어디서 왔는지 국가에 대한 정보만 있을 뿐, 무리에서 어떻게 떨어져 왔는지, 구체적으로 어느 지역에서 태어났는지 정확히 모른다. 기록이 없기 때문이다.

코끼리라고 하는 영리하고 아름다운 동물을 어떻게 보호할 것인가. 구체적인 정책 대안이 나와야 할 시점이다. 그들이 현재 행복하고 건강하지 않다는 것은 분명하다.

북극곰 🐾

북극곰은 야생에서 한 시간에 3마일 정도를 이동하며 생활한다. 북극곰은 넓은 영역에서 활동하는 가장 대표적인 동물이다. 생물학자 이안 스털링(Ian Stirling)에 따르면, 암컷 북극곰의 경우 30만km²의 생활공간을 필요로 하며, 북극곰에게는 최소 51,800km² 정도의 서식지가 필요하다. 이들은 봄과 여름에 하루의 절반 정도를 사냥으로 보낸다. 북금곰은 먹이를 구하고 짝을 찾고 아이를 돌보고 주변을 탐색하면서 하루를 보낸다. 그러나 동물원이라는 한정된 공간은 북극곰에게 필요한 넓고 풍요로운 환경을 제공해주기 어렵다. 가장 어려운 조건은 기후다. 북극곰은 영하 40°C의 혹한을 견딜 수 있도록 진화되었기 때문에 빳빳한 털이 이중으로 나 있다. 그런데 외부의 기온이 영상 10°C 이상 올라가게 되면 털 사이에 녹조현상이 나타난다. 동물원에서 본 북극곰의 털이 대부분 하얗지 않은 이유다.

2012년 8월, 한 동물원에서 북극곰을 보았다. 이 동물원의 야외 전시장은 관람객이 위에서 아래로 내려다보는 각도로 설계되어 있었는데, 전시장 안에서 북극곰은 끊임없이 이쪽 끝에서 저쪽 끝으로 왔다 갔다 하다 물속에 들어갔다 나왔다를 반복했다. 지붕이 없어 전시관은 햇볕에 그대로 노출되어 있었다. 당시는 외부 기온이

30°C를 넘었다. 이 북극곰은 지방의 유원지에서 수컷 북극곰과 함께 이 동물원으로 옮겨졌다. 지방의 유원지가 문을 닫았기 때문이다. 그러나 수컷 북극곰이 죽은 후 암컷은 실내 전시관 안으로 들어가지 않았다. 30°C가 넘는 한여름에 바깥에 나와 있었던 이유였다. 어떤 트라우마가 있었는지는 알 수 없었다.

우리나라 동물원에서 북극곰을 처음 보유한 것은 1955년 창경원 동물원에서부터였다. 당시 네덜란드로부터 들여온 4살과 6살 한 쌍은 들여온 해에 갑자기 사망했고 1956년 다시 한 쌍을 네덜란드로부터 들여왔다. 마산 돝섬해상동물원은 1982년 총 6마리의 북극곰을 들여왔는데, 1984년에 두 마리가 폐사하고 이후 2001년에 동물원이 폐쇄되면서 나머지 북극곰들은 다른 동물원으로 옮겨졌다. 우리나라의 마지막 북극곰은 에버랜드에서 살던 수컷 북극곰 통키였다. 통키가 살던 사육장은 매우 열악했고 좁았다. 통키를 보러 동물원을 방문할 때마다 통키는 전시장 양쪽을 왔다 갔다 하는 전형적인 정형 행동을 했다. 날씨가 더워지면 통키의 몸은 녹색으로 변했다. 시민단체가 이 문제에 대해 항의했고 국외 단체들도 에버랜드에 강하게 항의했다. 시민들의 항의에 부담을 느낀 에버랜드는 2018년 영국 요크셔 야생공원에 통키를 무상 기증하겠다고 밝혔다. 그러나 영국행을 눈앞에 둔 시점인 2018년 10월 17일 통키는 노환으로 사망했다.

　　대부분의 동물원은 북극곰에게 북극과 같은 자연 서식 조건을 맞춰줄 수가 없다. 북극곰이 자연스러운 행동을 표현할 수 있고, 동료들 간의 거리를 유지할 수 있으며, 수영하고 구조물 위를 올라다니거나 사냥하고 먹이를 찾고 사회적 관계를 유지할 수 있는 넓은 공간이 필요하기 때문이다.

　　야생 북극곰이 사라져가는 것은 기후변화로 북극의 생태가 파괴되어 가고 있기 때문이다. 한편 동물원의 북극곰 종 보전 역시 매우 어렵다. 동물원에서 종을 보유하고 있다는 것만으로는 부족하다. 그들이 열악한 환경에서 살게 되면 스트레스를 유발하고 장기적인 스트레스는 면역력 약화와 만성적 질병의 원인이 된다. 현재 전세계 동물원에 살고 있는 대부분의 북극곰은 건강하지 않다. 그들이 처한 환경은 그들을 아프게 한다. 열악한 동물원은 북극곰의 자체 보유를 포기하고 자연적 기후와 넓고 풍부한 전시 공간을 감당할 재정이 받쳐주는 곳에 한해 종 보전의 자격을 줘야 하는데, 전 세계 대부분의 동물원은 이런 여건을 갖추지 못한다.

　　우리에게는 기후변화를 막기 위한 실질적인 전 세계적 대안이 필요하며 동시에 북극곰에 대한 보호와 보전을 위한 계획도 필요하다. 통키 사망 이후 현재 우리나라에는 단 한 마리의 북극곰도 없다. 적어도 우리나라 동물원에서 더 이상 북극곰을 보유하는 것은 불가능할 것으로 보인다.

북극곰 통키. 에버랜드에서 살던 우리나라의 마지막 북극곰이었다.

돌고래

바다에 살고 있으나 포유류인 고래목(돌고래와 고래 포함)에 속한 종들은 호흡을 위해 정기적으로 수면 위로 올라와야 한다. 돌고래가 스스로 숨 쉬는 것을 포기한다는 것은 자살을 의미한다. 사람들은 돌고래 쇼의 화려한 묘기를 보고 돌고래를 친근하게 느끼며 애정도 깊다. 돌고래에 대한 대중적 관심은 확실히 높지만 돌고래들이 사실상 어떤 삶을 살고 있는지에 대한 관심은 낮은 편이다.

2012년 7월 수족관에 살던 세 마리의 돌고래들이 바다로 돌아가는 사건이 있었다. 그들은 모두 우리나라 해양 생태계 내에 서식하는 남방큰돌고래로, 불법적으로 포획되어 한 업체의 쇼에 동원되던 돌고래들이었다. 2013년 이 업체는 법원으로부터 몰수 명령을 받았고 이들을 계속 수족관에 데리고 있을 것인가 아니면 고향인 바다로 돌려보내는가에 대한 논의가 계속되었다.

이즈음 우리나라를 방문한 릭 오베리라는 미국인이 있었다. 그는 전직 돌고래 조련사였다. 동물을 사랑해서 조련사가 되었으나 자신이 훈련시키던 돌고래가 자신의 눈앞에서 자살하는 모습을 목격한 후 인생의 큰 전환점을 맞게 되었다. 릭은 수족관에 갇힌 돌고래들이 극심한 우울증과 스트레스를 받고 있다는 것을 알게 된 후 돌고래들을 바다로 돌려보내려는 활동을 본격적으로 시작했다. 그는 몰래 가두리의 그물을 찢고 돌고래들을 바다로 보내는 일도 한다. 그러나 그에게 돌아오는 것은 벌금이었다. 남의 재산을 강제로 빼앗아 바다로 보냈기 때문이다. 그는 돌고래들이 야생에서 잡혀오는 잔인한 현실을 다큐멘터리를 통해 전 세계에 알리기로 결심했다. 그렇게 탄생한 것이 다큐멘터리 〈더 코브〉이다.

〈더 코브〉의 배경은 일본의 작은 농촌 다이지이다. 해마다 9월이 되면 어부들은 돌고래들이 초음파를 통해 먹이를 찾는 습성을 이용해 바다 속 음파를 교란시킨다. 그리고 그물을 쳐서 돌고래들을 고립시킨다. 원래 가던 길을 잃고 헤매는 돌고래들을 보트를 이용해 해안가로 모는 몰이식 사냥 방식이다. 돌고래들은 가족끼리의 유대관계가 끈끈해서 아이가 잡혀가는 것을 보고 쉽게 도망치지 못한다. 새끼 돌고래들은 수족관으로 잡혀가고 나머지 돌고래들은 작살과 칼로 난도질당해 죽게 된다. 순식간에 작은 해안가가 피바다로 변한다. 〈더 코브〉가 개봉되기 전, 사람들은 수족관의 새끼 돌고래들이 그런 과정을 거쳐 잡혀오는지 몰랐다. 아주 평화로운 방식으로 수족관에 오게 되었다고 생각한다. 아니 그렇게 믿고 싶다는 표현이 정확할 것이다. 우리가 잠시 즐기는 돌고래 쇼가 만들어지기까지 새끼 돌고래들이 자신의 눈앞에서 엄마와 아빠가 죽는 장면을 보는 것을 인정하고 싶지 않기 때문이다.

잡혀온 새끼 돌고래들은 처음에는 아무것도 먹지 못한다. 늘 살

아 있는 물고기를 먹었는데 냉동된 죽은 고기를 먹어야 하기 때문
이다. 지속적으로 굶으면 죽게 되는 것을 알고 나서야 겨우 먹게
된다. 생존을 위해 가혹한 운명을 받아들인 것이다. 또한 하루에
1000km를 헤엄치며 초음파로 물고기를 사냥했었는데 좁은 수족
관 벽에 초음파가 부딪혀 다시 돌아오는 거리가 너무 짧아 돌고래
들은 이명에 시달리게 된다. 잘못하면 거의 미쳐버리는 수준까지
악화되기도 한다. 일부는 우울증에 시달리다가 폐사하지만 일부는
생존을 위해 스스로의 몸을 변화시킨다. 죽지 않았으나 죽음보다
못한 삶이다. 쇼 조련사들은 자신들이 먹이를 통한 긍정적 강화훈
련을 하고 있다고 주장한다. 그러나 공연을 위한 훈련을 거부하거
나 말을 듣지 않게 되면 벌로 먹이를 주지 않고 굶긴다. 또한 한 마
리가 실수를 하면 모든 돌고래들을 굶기기도 한다. 동료의 실수로
자신도 굶게 되었다는 것을 알게 된 돌고래들은 상대방을 공격하고
괴롭히기도 한다. 수족관에 잡혀온 돌고래들은 모두 다른 지방 출
신이다. 때로 그들은 다른 언어를 사용하기도 한다. 수족관은 마치
여러 지방 출신 사람들을 좁은 곳에 모아놓고 살라는 것과 같은 이
치다. 일종의 수용소라고 해야 할까. 앞에서도 언급했듯이 돌고래
들은 자신과 다른 존재를 인식하고 자신이 누구인지도 생각한다.
좌절과 우울함, 극도의 스트레스는 면역력의 약화를 가져오고 질병
에 시달리게 한다. 그래서 수족관 돌고래들은 항생제와 소화제 등

각종 약을 일상적으로 먹으며 살아간다.

수족관 측은 야생에서의 돌고래 포획이 잔인하기 때문에 수족관 내에서의 번식 기술을 발전시키겠다고 말한다. 그러나 수족관 측의 주장과 달리 돌고래 같은 영리한 동물의 수족관 내 번식률은 매우 낮다. 2014년과 2015년 울산 고래생태체험관에서 태어난 새끼 돌고래들은 모두 폐사했다. 최근 울산 고래생태체험관에서 한 마리, 제주도의 퍼시픽랜드에서 한 마리가 태어났고 현재까지 그들은 건강하게 살아 있으나 전체 마릿수에 비교한다면 돌고래의 번식률은 상당히 낮은 편이다. 야생에서 끊임없이 돌고래를 잡아오게 되는 이유다.

돌고래는 근본적으로 수족관에 가두고 키우기 매우 어려운 동물이다. 전 세계 수족관에 살고 있는 돌고래의 거의 대부분은 이 다이지 같은 야생에서 왔다.

환경단체 핫핑크 돌핀스의 자료에 따르면, 2011년 7월 우리나라 수족관 5곳에서 27마리의 고래를 사육했고, 2017년 7월에는 8곳의 업체에서 총 39마리의 고래류를 전시·공연에 동원했는데, 2009년부터 2017년까지 폐사한 돌고래가 총 25마리였다. 이는 매우 높은 폐사율이다. 제돌이의 방류로 돌고래의 실태에 대한 여론도 향상되었으나 수족관 돌고래들의 폐사율이 높아 돌고래 수입은 오히려 늘었다. 돌고래를 수족관에 가둬 전시, 공연하지 못하도록 하는 법이 그때까지 우리나라에 없었기 때문이다. 다행히 2018년 야생생물법이 개정되어 원산지에서 잔인한 학대를 통해 포획한 돌고래(다이지 돌고래)를 국내에 수입하는 행위가 금지되었다. 다이지 돌고래 수입은 막았지만 러시아에서 잡히는 흰고래 벨루가의 수입 문제는 남아 있다. 러시아는 벨루가 및 돌고래의 야생 포획을 허용하고 있다. 물론 할당제를 통해 수를 제한하고 있지만 불법적 사냥이 자주 이루어지는 것이 현실이다.

돌고래 수족관은 자연생태계를 파괴하고 동물을 학대한다는 논란에서 자유롭지 못했다. 이 때문에 유럽연합 28개 회원국 중 14개국이 돌고래 수족관을 금지하고 있다. 1970년대까지 영국에는 36개의 돌고래 수족관이 있었는데 그 수가 점차 줄어들다가 1999년 완전히 사라졌다. 이런 움직임은 다른 국가에도 확산되고 있다. 헝가리, 슬로베니아는 수족관 고래류 사육을 금지했고 인도 역시 수족관의 추가 건립을 제한했다. 2017년 5월 프랑스 역시 돌고래 번식을 위한 엄격한 규제를 도입하는 법령을 발표했다. 이 법령은 총 33개의 돌고래 사육에 관한 규정으로 구성되어 있다. 프랑스 내 수족관은 앞으로 3년 이내에 고래들을 위한 최소 면적 3500㎡(범고래)와 2000㎡(돌고래)를 확보해야 한다. (1981년에 제정된 법령 규정은 800㎡였다) 또한 수조 깊이는 최소 11m가 되도록 개선해야 한다. 수조관 환경에는 인공파도, 암벽, 그늘 등을 설치하도록 하고, 염소 소독도 금지했다. 돌고래를 시멘트 바닥에 오르게 해서 관객들에게 보여주는 행위, 빛과 소음으로 스트레스를 주는 행위, 인간과 접촉하는 체험과 야간 돌고래쇼도 폐지된다.

일본 통계청의 자료에 따르면 와카하마현의 다이지는 2013년 우리나라에 돌고래 6마리를 수출했는데 이는 중국, 우크라이나, 러시아에 이어 4위인 것으로 나타났다. 수족관을 운영하는 사람들은 자기네가 돌고래를 보유하는 목적이 교육과 관광자원으로 활용하기 위한 것이라고 주장한다. 그러나 생태전문가들은 이 주장이 허구라고 본다. 〈더 코브〉의 감독인 루이 시호요스는 수족관 돌고래가 교육용이라는 주장은 독방에 감금한 죄수를 보여주고서 인류에 대해 알아보자고 말하는 것과 같다고 말한 바 있다.

세계동물보호협회(WSPA)와 휴메인소사이어티(HSU)가 보고서를 통해 발표한 돌고래쇼와 체험 피해사례들을 소개하고자 한다. 실제로 일어난 사고는 이것보다 훨씬 더 많다.

2008년에 퀴라소의 돌고래 체험관에서 숨을 쉬러 올라온 돌고래가 3명의 관광객 바로 위로 떨어지는 사고가 있었다. 업체는 이것이 단순한 사고라고 주장했으나 돌고래 행동 전문가들은 이 주장에 의문을 제기하고 있다. 돌고래가 마치 화가 난 것처럼 행동했기 때문이다. 1994년 12월 8일 브라질에서 티아오라는 병코돌고래가 사람을 공격해 죽였는데, 당시 그 사람은 티아오의 물을 뿜어내는 구멍인 분수공에 뭔가를 쑤셔 넣으려다 사고를 당했다. 이 사고는 이전에 티아오에게 일어났던 29건의 사고와 관련되어 있었다. 그간 사람들은 티아오의 지느러미를 잡거나 등에 올라타려다 공격을 당했다. 티아오는 자신을 괴롭히는 사람들 때문에 29번 이상을 참아왔던 것이다.

1994년 캐나다의 빅토리아 씨랜드에서 한 무리의 범고래들이 조련사를 물에 밀어 넣고 죽을 때까지 나오지 못하게 만들었다. 그들은 마치 공조하듯이 행동했다. 이 사고는 관람객이 보는 앞에서 이루어져 충격이 더 컸다. 8년 후 이중 한 범고래인 틸리쿰이 올란도 씨월드에서 어떤 남자의 시체와 함께 있는 것이 발견되었는데, 부검 결과 남자의 상처는 죽기 전에도 있었고 죽은 후에도 추가로 생긴 것으로 밝혀졌다. 범고래의 분노는 남자가 죽은 후에도 사그라지지 않은 것이다.

돌고래를 통해 인간을 치료한다는 돌고래 매개 치료법을 만든 베치 스키스 역시 현재 이것을 포기한 상태이다. 돌고래와 사람 모두에게 피해를 주는 시스템이기 때문이다. 캘리포니아 연구진들은 해양 포유류 수족관에서 일하는 직원의 50%가 동물들 때문에 다친 경험이 있다는 사실을 밝히기도 했다. 에모리 대학의 돌고래 전문가인 로리 마리노(Lori Marino)는 MRI 방식으로 돌고래의 두뇌를 조사했다. 그 결과 그들의 두뇌가 몸 크기에 비해 크며, 인간보다 더욱 복잡한 두뇌 신피질을 가지고 있고, 자아의식과 복잡한 감정의 발전이 가능하도록 만들어졌다고 밝혔다. 마리노에 의하면 돌고래의 두뇌는 몸집이 비슷한 동물들에 비해 5배가 큰데, 이는 비슷한 몸집의 동물보다 뇌가 7배 큰 인간과 비교했을 때 큰 차이가 아니다. 마리노는 영장류와 고래류는 진화의 과정에서 동일한 인지적 공간에 이르렀다고 주장했다. 마리노는 조련사의 죽음에 대해 〈LA타임스〉와 인터뷰했는데 그때 이런 말을 남겼다.

"만약 고래들이 의도적으로 누군가에게 덤빌 수 있는 인지적 능력을 가지고 있거나, 혹은 화났을 때 그들이 하는 행동을 스스로 아는지를 묻는다면 난 그렇다(Yes)고 답할 거예요."

수족관 내에서 사고는 왜 발생할까? 수족관 공연과 체험 중 돌고래와 사람이 접촉하는 경우는 사육사와 돌고래, 돌고래와 관람객의 관계에서 발생한다. 사육 돌고래는 사육사와의 밀접하고 친근한 관계를 형성해서 스트레스가 덜하다. 그러나 관람객은 다르다. 낯선

신피질

대뇌의 표층을 형성하는 회벽질 부분을 대뇌피질이라고 하는데 계통 발생 및 개체 발생에 따라 신피질, 고피질, 구피질로 나뉜다. 이중 신피질은 근육운동과 지적인 기능을 담당하는데, 고등동물일수록 신피질이 발달하면서 고차원적 사고와 추론 능력이 가능하게 된다.

관람객이 자신의 몸을 만지고 장난치고 심지어 괴롭히면 돌고래는 괜찮을까? 돌고래 사육의 경험이 있는 사육사들에게 돌고래들이 왜 사람을 공격하는지를 물었다. 그들은 한결같이 돌고래가 학대를 받거나 모욕을 주는 행위에 깊은 상처를 입는다고 말한다. 그들은 사람의 감정을 읽어내고 민감하게 반응한다.

우리는 돌고래를 보지 않고도 살 수 있다. 돌고래를 가까이에서 보고 만지고 공연을 보는 잠깐의 즐거움 때문에 그들을 가족과 생이별시키고 신체와 정신을 학대하는 것은 옳지 않다. 돌고래는 수족관에서 해방시켜야 할 대표적인 야생동물이다. 그들이 이제까지의 방법대로 살게 두는 것은 옳지 않다.

우리 수족관에서 돌고래와 벨루가를 어떻게 해방시켜야 할까. 제돌이와 친구들처럼 야생으로 돌려보내야 할까. 그러기 위해서는 중요한 전제가 있다. 자연으로 돌려보내기 위해서는 원 서식지여야 한다는 점이다. 현재 한국 연안에서 방류를 해 살아갈 수 있는 돌고래종은 남방큰돌고래밖에 없다. 수족관에 살고 있는 남방큰돌고래는 이미 방류되었다. 서울대공원의 마지막 남방큰돌고래는 금등과 대포였다. 그들은 2017년 제주 바다에 방류되었지만, 이제까지 바다에서 생존이 확인되지 않았다. 금등과 대포는 죽었을까? 아직 확실한 것은 없다. 그러나 금등과 대포가 수족관에서 10년 이상 살았다는 데에 주목해 볼 필요가 있다. 전문가들은 수족관에서 오래 산

개체를 방류하는 데 회의적이다. 이미 그들이 수족관에 적응해 야생이 낯선 곳이 되어 버렸기 때문이다.

서울대공원의 마지막 돌고래는 세 마리였다. 금등, 대포는 남방큰돌고래지만 태지는 큰돌고래였다. 큰돌고래의 본래 서식지는 일본이다. 태지 역시 다이지에서 잡혀 2008년 서울대공원으로 왔다. 수족관에서 태지가 살아온 역사가 이미 10년이다. 태지를 다이지처럼 위험한 지역으로 방류할 수 없다. 무엇보다 단독으로 혼자 방류하는 것은 금물이다. 혼자 낯선 바다에 나가 살아갈 수 없기 때문이다. 바다에 혼자 방류되어 무리와 어떻게 어울리게 될지도 알 수 없다.

2017년 금등, 대포가 떠난 후 태지에게 문제가 발생했다. 친구들이 떠난 후 혼자 남게 되자 이상행동을 보이기 시작한 것이다. 호흡이 거칠어져 분수공이 마르는 일이 잦았고, 혼자 벽을 보고 있거나 무대 위로 혼자 올라가는 등 전형적인 돌고래 정형 행동을 하기 시작했다. 돌고래는 사회성이 있는 동물이라 혼자 지내게 되면 정신적인 문제가 발생한다. 태지를 서울대공원이 아닌 다른 곳으로 옮겨야 했다. 그러나 어떤 수족관도 태지를 받아주지 않았다. 결국 남은 것은 제주의 퍼시픽랜드였다. 그렇게 2017년 5월 태지는 퍼시픽랜드로 떠났다. 문제는 퍼시픽랜드가 돌고래 공연업체이며 제돌이와 돌고래들을 불법 포획한 업체라는 점이었다. 태지는 앞으로 공

남방큰돌고래 금등과 대포는 2017년 제주 앞바다에 방류되었다.

연을 하면서 살아가야 하는 것일까.

서울대공원은 임시방편으로 퍼시픽랜드와 1년간 위탁계약을 맺었다. 소유권은 서울대공원에 있고, 태지는 퍼시픽랜드는 위탁관리하는 형태였다. 1년간 태지가 갈 만한 곳을 별도로 정하거나 태지가 살 수 있는 일종의 보호소(생츄어리)를 만들어야 했다. 하지만 시간이 부족했고 논의는 진전되지 않았다. 위탁 기간이 다가오자 시민단체, 동물원이 모여 집중적인 논의를 시작했다.

2017년 5월에 나는 퍼시픽랜드로 간 태지를 두 번 만났다. 퍼시픽랜드로 간 후 태지의 배설물 안에서 생선의 뼈가 나왔다고 했다. 소화가 잘 되지 않고 있다는 증거였다. 수족관 측은 태지가 어떤 돌고래와 무리를 지어 살아야 할지를 결정해야 했다. 그들도 자신들만의 무리가 있고 친하고 싶어 하는 친구가 따로 있다는 것이다. 개체 별로 성격도 다르고 성향도 다르다. 태지는 무리 속에서 우두머리가 되고 싶은 성향이 강한 친구라고 했다. 그렇다고 해서 그다지 활발하지는 않고 비교적 과묵한 성격이라고 했다.

서울대공원은 태지가 서울대공원의 마지막 돌고래라는 점 때문에 퍼시픽랜드의 공연 중 무리한 공연에 태지를 투입하지 않겠다는 약속을 받아냈다. 퍼시픽랜드 측은 시민단체가 언제라도 태지를 보고 싶어 한다면 볼 수 있도록 개방하겠다는 것과, 추후 돌고래들을 위한 보호소가 만들어진다면 기증하겠다는 의사를 보였다. 그러나

큰돌고래 태지. 서울대공원에 혼자 남게 되자 전형적인 돌고래 정형 행동을 보였다.

퍼시픽랜드가 2018년 호반건설로 인수되면서 쇼의 내용은 대폭 바뀌어 인위적인 행동을 유발하는 쇼 프로그램으로 변경되었다.

결국 태지는 고향인 바다로 돌아가지 못했다. 바다로 돌아가기에는 태지가 수족관에서 살아온 시간이 너무 오래되었고, 일본으로 보내는 것도 위험한 일이었다. 태지를 받겠다는 수족관도 없었다. 태지를 돌보았던 서울대공원의 사육사의 생각은 어떨까.

"태지는 현재 친구들과 잘 지내고 있습니다. 만약 다른 수족관으로 태지를 다시 보낸다면 친구들과 이별하게 되는 거죠."

태지의 건강상태를 살피기 위해 홍콩에서 날아온 30년 경력 야생동물 수의사는 이렇게 말했다.

"돌고래에게 가장 중요한 것은 관계입니다. 사육사와의 관계, 돌고래들 간의 관계 말이죠."

우연히도 그는 전주동물원의 두 코끼리, 코순이와 코돌이를 검진했던 수의사였다. 다음은 수의사와 내가 나눈 일문일답이다.

나: 돌고래에게 공연을 시키는 것이 불편합니다. 돌고래는 어떤 행동을 싫어하고 좋아하나요? 공연을 하게 되었을 때 절대로 시키지 않아야 하는 행동이 있다면요?

수의사: 돌고래는 호기심이 많은 동물입니다. 매일 똑같은 행동을 반복하게 해서는 안 됩니다. 그것은 마치 매일 인간이 슈퍼에 가서

장을 보는 단순한 행동만을 반복하게 하는 것과 같습니다. 하는 사람도 보는 사람도 너무도 지루한 일입니다. 그런 행동을 매일 반복해야 하는 돌고래도 지겨울 것이고 보는 사람들도 식상해할 것입니다.

나: 현재 한국의 수족관에서 돌고래가 사는 것은 옳지 않다고 생각합니다. 돌고래들의 쉼터를 만들어야 하지 않을까요?

수의사: 육상 동물에게 원 서식지와 비슷한 넓은 공간을 마련해주는 것도 어렵지만 수생동물은 더욱 어렵습니다. 수생동물, 돌고래의 수족관을 리뉴얼하는 데에는 더 많은 돈이 들어갈 것입니다. 쉽지 않은 일입니다.

나: 돌고래 공연을 멈추게 할 수는 없을까요. 퍼시픽랜드 같은 쇼 업체에 태지가 갔다는 것이 너무 싫습니다. 현재 태지의 건강상태가 괜찮다는 것만으로는 안심이 안 됩니다.

수의사: 현실적으로 퍼시픽랜드의 입장에서 보면 태지를 떠안은 것은 위험을 감수하는 일입니다. 태지에게 무슨 일이 생긴다면 시민단체가 가만히 안 있을 것이 뻔하니까요. 다른 수족관이 태지를 받지 않겠다고 거절한 것은 그런 배경이었겠죠. 궁극적으로 돌고래 공연은 옳지 않고 없어져야 합니다. 그런데 내일 당장 돌고래 공연을 안 한다면 하루 종일 돌고래들은 무엇을 하고 살아야 할까요? 대안을 마련해야 합니다.

태지가 퍼시픽랜드로 간 이후 일 년 반의 시간이 지났다. 그 기간 동안 돌고래를 위해 해야 할 숙제가 생겼다. 돌고래들이 좁은 수족관을 벗어나 평생을 보다 편하게 지낼 수 있는 쉼터를 만드는 일, 그 일을 추진함과 동시에 현재 있는 돌고래들에게 최선의 복지 기준을 만드는 일이다. 기준을 만들고 수족관을 설득하는 일이 절실히 필요하다.

6.
동물들은 **체험** 동물원이 좋을까?

동물을 만지는 체험 동물원, 페팅 주

　　동물원은 진화하고 변화한다. 열악하고 초라한 철창에 우두커니 앉아 있는 야생동물을 바라보는 사람들의 시선은 이미 부정적으로 변하고 있다. 그러나 동물을 가까이함으로써 얻는 교육적 효과에 대한 믿음은 크다. 많은 사람들은 동물을 보면서 행복해한다. 우리가 동물을 학대하지만 않는다면 동물을 눈으로 보거나 만지는 등 교육적으로 활용하는 것을 긍정적으로 보는 시선은 여전히 존재한다. 체험 동물원인 이른바 페팅 주(petting zoo)는 전 세계적으로 유행하고 있다. 페팅 주는 다음의 이유에서 열리고 있다.

- 아이들은 동물을 가까이에서 관찰했을 때 동물에 대한 흥미가 깊어진다.
- 동물을 만지고 싶어 하는 것은 인간의 본능이다.
- 아이들이 동물을 만져보면 동물에 대한 두려움이 없어지고 동물을 더욱 깊이 사랑하게 된다.
- 동물 체험은 동물 학대가 아니다.

전 세계 동물원은 나름의 사회와 문화적 특징에 맞게 발전해왔다. 유럽의 경우 동물원의 복지 기준을 만드는 동시에 서커스 형태의 동물공연을 없애고 있는 추세다. 우리나라는 어떨까. 우리나라에서는 사자와 호랑이를 채찍으로 길들이는 서커스가 애초에 유행하지 않았다. 악어를 괴롭히는 악어 쇼도 거의 사라졌다. 대신 동물을 만지는 체험 프로그램이 증가하는 추세다. 규모와 프로그램에 따라 매우 다양해서 얼마나 늘었는지 다 파악하기 힘들 정도이다.

부모님의 입장에서는 아이들에게 자연을 보여주고 느끼게 하고 싶은 욕구와 필요가 있을 것이다. 하지만 도심에 사는 사람들이 자연을 보기 위해서는 멀리까지 차를 타고 나가야 한다. 더구나 최근에는 야생상태의 자연생태계를 경험하기도 어려운 실정이다. 전국 산천 방방곡곡 어디에도 자연 생태가 훼손되거나 변형되지 않은 곳이 없기 때문이다. 좀 더 편하게 가까운 곳에서 자연을 체험할 수 있는 장소에 대한 수요가 있었기에 동물을 만지고 먹이를 주는 체험 동물원은 한국적 상황에 맞춰 유행하게 되었다.

체험 동물원을 지지하는 사람들은 동물을 만지고 싶어 하는 것이 자연스러운 욕구이고, 동물을 가까이에서 보고 만지면 동물을 더욱 사랑하게 된다고 생각한다. 그러나 이 전제는 매우 주관적이다. 자연스러운 욕구란 눈에 보이는 실체가 아니기 때문이다. 한번 질문해보자. 우리는 태어날 때부터 동물을 만지고 싶어 했는가, 혹은 무서워하고 싫어했는가? 우리가 동물을 만지는 것을 기피하거나 불편함을 느낀다면 그것은 본능이 왜곡된 것인가?

인간이 동물에게 가지는 호기심, 두려움 등은 단순히 동물이 아니더라도 낯선 대상에 대한 감정일 수 있다. 그러나 그 호기심이 보고 만진다고 충족될 수 있을까. 체험 동물원 관계자들은 '그렇다'고 이야기한다. 그러나 아이들 중에는 낯선 동물을 만지는 데 아무런 두려움이 없는 아이들도 있지만, 뱀 소리만 들어도 까무러치는 아이들도 있다. 무엇이 진짜인가.

오랑우탄 우탄이의 비극

그렇다면 우리나라에서 체험 동물원이라는 단어는 언제 등장했을까?

2000년대 초반 한 동물 전문 방송 프로그램이 있었다. 여기에 우탄이라는 오랑우탄이 등장했는데 자전거를 타고 사람들 앞에서 재롱을 부리고 먹을 것을 받아먹거나 함께 사진을 찍었다. 우탄이의 인기는 높았다. 그러다 어느 순간 우탄이가 방송에서 사라졌다. 몇 년이 지난 후 2009년 즈음에 나는 우탄이를 경기도의 한 동물원에서 만날 수 있었다. 우탄이는 방송에 나왔던 그 방에서 여전히 살고 있었다. 3평 정도의 방 안 한 구석에는 변기가 있었고 우탄이가 덮고 자는 이불이 있었다. 한쪽 벽면에는 철창이 있는데, 그곳이 우탄이가 사람들과 만나는 유일한 통로였다. 지나가는 사람들은 우탄이를 보면서 놀리기도 하고 먹이를 주기도 했다. 사람들이 주목하면 우탄이는 바로 손을 철창 밖으로 내밀었다. 먹이를 달라는 의미다. 당시 우탄이는 3년째 그 방에서 나오지 않고 지내고 있었다.

사연은 이랬다. TV 프로그램을 통해 한참 인기를 얻던 즈음 별안간 우탄이가 쇼에 나가는 것을 극히 꺼렸다고 했다. 예정된 방송 녹화를 위해서 사육사들이 우탄이를 끌어내려다 사고까지 발생했다. 사육사의 팔이 심하게 부상을 입게 된 것이다. 이후 아무도 우탄이를 제압하지 못했다. 이미 덩치가 너무 커버린 우탄이는 사육사 6명이 달라붙어도 제어하지 못하게 된 상태였다고 했다. 3년간 방에서 나오지 않자 우탄이가 학대를 당한다는 소문까지 돌았다. 동물원의 가혹행위나 학대를 감시 관리할 CCTV와 같은 시스템이나 기관, 법이 없는 상황에서 우탄이의 방에서 어떤 일이 있었는지는 아무도 알 수 없다.

학대의 명확한 증거는 없지만 우탄이가 자신의 방에서 고통을 받을 만한 정황은 충분히 있었다. 첫째 우탄이의 방은 실외 전시관과 실내 전시관의 구분이 없었다. 사람과 친근한 애완동물인 개의 경우에도 오랜 기간 가두어 키울 경우 공격성이 높아진다. 인간과의 교감이 많지 않은 동물일수록, 또한 날카로운 이빨이나 큰 덩치를 가진 동물일수록 사육사가 이들을 제대로 통제하지 못할 가능성이 더욱 높다. 전시관 안을 청소할 때 우탄이가 사육사를 공격하지 못하게 사전에 제압했을 수도 있다. 그러나 사육사가 우탄이를 학대했느냐는 문제의 본질이 아니다. 문제는 애초에 우탄이 같은 고등 대형영장류인 오랑우탄을 쇼에 이용했다는 것에 있다.

우탄이 같은 오랑우탄(oran hutan)은 말레이어에서 유래한 명칭으로, '숲에 사는 사람'을 의미한다. 동물분류로는 영장목(Primates) 사람과(Hominidae)에 속한다. 즉 오랑우탄은 인간과 매우 유사한 영장류이다. 이는 동물이지만 인간과 유사한 특징을 가지고 있다는 의미다. 우탄이에게 발생한 사건은 우탄이가 생각하고 판단할 줄 아는 존재라는 데서 기인한다. 우탄이는 자신에게 주어진 일에 대해 판단하고 그 생각을 계속 발전시켰다. 자신에게 주어진 임무가 지루하거나, 하기 싫어졌거나, 더 깊게 생각하면 자신의 자존심을 상실하게 하는 일이라는 느낌을 받았을 수도 있다. '나는 누구인가?

미디어에 소개되어 한참 인기를 얻던 우탄이는 어느 날부터 쇼에 나가는 것을 강하게 거부했다.

나는 왜 여기에 있나?' 우탄이는 이런 생각을 할 줄 알 정도의 지능과 감수성을 갖고 있었다. 우리도 때로는 공부하기 싫고 일하기 싫지 않은가. 우탄이가 스스로 쇼를 거부하자 사람들은 우탄이의 타고난 큰 몸집과 힘을 제압할 수 없었다. 이런 영장류의 특징 때문에 미국동물원수족관협회는 영장류와 유인원류를 쇼와 오락거리에 이용하지 않도록 권고하고 있다.

우탄이의 비극은 시작에 불과했다. 2000년대 중반 이후 간간히 등장했던 체험 동물원은 2010년 이후 꾸준히 급증했다. 2000년대 중반에 주로 등장했던 형태는 방학기간 동안 백화점 전시관 등을 대여해 열리는 체험전이었다. 거기에서 주로 파충류 같은, 평상시에 자주 볼 수 없는 동물을 전시하거나 손님들에게 햄스터 같은 작은 동물을 만져보게 하는 체험으로 이루어졌다. 심지어 백화점에 오는 아이들에게 햄스터를 공짜로 선물하는 곳도 있었다.

2000년대 말에는 이런 체험행사가 상설 전시관으로 등장하기 시작했다. 한 업체가 서울과 인천의 한 지하철 역사를 빌려 연 상설 체험전은 전형적으로 만지기 체험을 선보이는 형태였다. 아이들은 체험전에서 주로 뱀 종류와 도마뱀류, 앵무새, 사슴벌레 유충, 햄스터 등을 만졌다.

비슷한 시기에 일반 동물원 내에서도 이런 프로그램이 등장했다. 동물원은 시즌마다 명칭을 달리하면서 체험전을 열었다. 사막여우나 뱀 등 다양한 동물이 등장했는데 문제는 주말이나 소풍 시즌에 너무 많은 사람들이 몰리게 된다는 점이었다. 전국의 동물원에 사슴, 염소, 토끼, 기니피그 등을 만지거나 먹이를 주는 형태의 체험 프로그램이 우후죽순 만들어졌다. 기존의 동물원뿐만 아니었다. 양이나 염소를 키우는 농장에서 체험농장이라는 형태로 광고하면서 관람객들을 끌기도 했다. 아이들은 주로 염소나 사슴에게 먹이를 주고 토끼와 기니피그를 만질 수 있는 기회를 줬다.

체험 동물원은 '교육'과 '아이들'이란 키워드를 내세웠다. 아이들은 동물을 좋아하니 동물을 보는 것은 교육적이라는 것이다. 이런 체험 프로그램은 흥행했다. 한 동물원 사육사는 이렇게 귀띔했다.

"동물 체험은 투자 대비 관람객 끌기 효과가 좋죠. 가축은 값도 싸고 번식도 잘되니 예산도 많이 안 들어요. 잠만 자고 있고 만질 수도 없는 야생동물을 보는 것보다 염소에게 먹이 주는 것이 아이들에게도 훨씬 재미있거든요."

체험전이 인기를 끄는 이유는 무엇일까. 일반적으로 사람들은 동물을 가까이에서 보는 것을 선호한다. 이것은 동물원이 안전성과 교육이라는 특수한 목적을 가진 기관이기 때문에 가능하다. 동물원이라는 공간은 관람객들이 어떤 목적을 가지고 방문하는 곳이기 때문에 이런 호기심은 관람객을 끄는 데 중요한 요소이다. 100% 정부가 연구 목적으로 투자하는 곳이 아니라면 동물원은 관람객의 입장료에 따라 운영이 결정될 소지가 크다. 적은 돈을 내고 관람객의 만족도를 높이기 위해서는 자극적인 방식의 전시 체험이 높은 효과를 불러온다. 만지는 체험전이 성행하는 주요한 이유 중 하나다. 이런 업체들은 체험전의 장점을 이렇게 설명한다.

"뱀은 무서운 동물이 아니다. 가까이에서 보고 만지면서 친숙해지면 좋은 학습 효과를 가질 수 있다. 요즘 아이들은 도심에서 자라 자연의 아름다움을 체험하지 못한다. 체험전은 아이들에게 도심 속 자연을 느낄 수 있는 교육적 기회를 제공한다."

이 논리에는 몇 가지 문제점이 있다. 모든 아이가 뱀을 만지면서 체험해야 할 이유가 있을까. 뱀은 개와 고양이처럼 사람들과 교감하면서 일상 속에서 기를 수 있는 반려동물이 되기 힘들다. 뱀을 반려동물로 키우려면 전문적 지식을 가지고 훈련을 받아야 한다. 뱀을 만지는 체험행사는 아이들에게 뱀을 친숙한 동물로 받아들이게 하는 교육적 기회를 제공하는 것이 아니라, 평상시에 만질 수 없는 동물을 만질 수 있는 호기심 충족의 기회를 제공하는 것이다. 업체는 되도록 많은 아이가 이 행사에 참여하게 된다면 더 많은 이윤을 얻을 수 있다. 자연이 파괴되어 아이들이 자연을 쉽게 접할 수 없는 시대가 되었다는 것은 사실이나 이는 자연서식지의 파괴에 따른 결과다. 진정으로 아이들에게 자연서식지 파괴의 위험성에 대해 교육하기 위해서는 자연 속에 있는 야생동물을 포획 후 보여주는 것이 아니라 자연서식지를 보호하고 회복하는 구체적인 실천법을 제시해야 한다.

체험 동물원의 운영 목적과 위험 

동물 체험을 통해 동물원의 운영 목적을 평가해볼 수 있다. 동물원은 파괴되어가고 있는 서식지를 보전하고 생태계를 복원하기 위해 생물학에 근거한 순종 유전자를 보유하는 중요한 기관이어야 한다. 또한 동물원이 중요한 동물보호 교육기관이 되기 위해서라도 제대로 된 종 보전 기관이 되어야 한다. 동물원에서 자연에 대한 고마움과 생태 보전에 대한 필요성을 배워야 한다. 그러나 아이들이 일정한 시간에 뱀과 도마뱀을 만지면 자연의 소중함을 깨닫고 자연 서식지 파괴가 이루어지지 않도록 실천하는 삶을 살게 될까? 체험 동물원이 동물원이 가진 순기능을 제대로 실현하고 있지 않다면 체험 동물원은 상업적 기능을 하는 오락 기관에 불과하다.

체험 프로그램은 동물한테도 스트레스를 유발한다. 대부분의 체험전은 실내에서 이루어진다. 여름에는 실내에 에어컨이, 겨울에는 히터가 설치되어 있기는 하다. 온도에 민감한 뱀은 사람들에게 보여주려고 전시장에서 데리고 나올 때 스트레스를 받을 가능성이 높다. 또 뱀은 주로 밤에 활동하는데 체험프로그램은 낮에 열린다. 뱀이 잠을 자고 있거나 쉬고 있는데 프로그램의 진행상 불가피하게 뱀을 깨울 수 있다. 개체별로 뱀의 상태를 파악하고, 체험 프로그램이 진행되기 전과 후에 건강검진을 실시하고, 뱀의 생리를 완벽하게 알고, 각 개체의 컨디션에 따라 뱀을 바꿔 체험 프로그램에 참여하게 한다면 뱀의 스트레스를 최소한으로 할 수 있을 것이다. 그러나 건강검진을 자주 받게 하려면 수의사의 인건비가 지급되어야 하며, 비용이 증가하게 된다. 물론 건강검진을 자주 하는 것이 큰 의미가 있는지는 알 수 없다. 뱀과 같은 야생동물의 경우 잦은 치료가 의미가 있는 것이 아니라 좋은 환경을 제공해주는 것이 더 중요하기 때문이다.

뱀이 일상적으로 살아가는 환경이 뱀의 생태에 맞지 않다면 건강은 한순간에 나빠질 수 있다. 하루에 수십 명이 같은 뱀을 만지는 것도 문제일 수 있다. 사람의 입장에서는 한 번에 한 마리의 뱀을 만지는 것이지만 뱀의 입장에서는 단시간에 여러 명의 사람들이 자신을 만지고 지나가는 것이다. 이 스트레스가 뱀에게 어떤 영향을 줄지는 알 수 없다. 뱀 같은 야생동물의 경우 만성적 스트레스가 면역력의 약화를 가져오게 되는데 질병에 걸려도 임상증상이 늦게 나타나 이미 질병이 눈에 띄는 정도가 되면 사망에 이르기까지 매우 짧은 시간이 걸린다는 데 문제의 심각성이 있다.

인도네시아 자카르타의 파충류 공원에서는 많은 관광객이 그물무늬비단뱀을 만지고 몸에 감는다.

아이들이 뱀과 도마뱀 같은 파충류를 만졌을 때 동물에게만 질병을 유발하는 것은 아니다. 뱀 같은 파충류는 살모넬라균이 상재되어 있어 함부로 만졌을 경우 감염될 우려가 높다. 동물로부터 사람에게 전염되는 질병은 클라미디아, 크립토스포리디오시스증, 랩토스피라증, 앵무병, 백선, 살모넬라, 파상풍, 톡소플라즈마증, 톡소카라증 등 다양하다. 미국동물원수족관협회의 지침에 따르면 관람객들이 직접 동물과 접촉하는 경우 주의를 요하도록 하고 있다. 각 동물원이 체험 동물원을 운영할 때는 백신 접종을 비롯한 예방의학 프로그램을 함께 관리하는 것이 중요하다. 손을 씻을 수 있는 공간과 손 세정제가 구비되어야 하며, 반드시 교육받은 직원에 의해 관리되어야 하고, 아픈 동물은 절대 체험에 이용되어서는 안 된다. 동물 가까이에서 음식을 먹는 행위도 금지되어야 한다. 동물원은 동물을 직접 만졌을 때 면역계 질환 등 여러 질병의 위험이 있다는 주의사항을 알려야 한다.

질병 발견 시 바로 질병 관련 행정기관에 신고하도록 하는 시스템도 필요하다. 2002년 펜실베이니아 주에서는 체험 동물원에 손을 씻는 기구를 설치하고 동물에게서 인간에게 전염될 수 있는 질병이 75가지가 있음을 알리는 의무를 부과하는 법안이 통과되었다. 이는 2000년 체험 동물원을 방문한 어린이들이 대장균(E coli)에 단체로 감염된 사례가 발생하자 마련되었다. 2007년 미국질병통제

예방센터(The Centers for Disease Control and Prevention, CDC)는 미국 공
중위생수의사협회(National Association of State Public Health Veterinarians)
의 지침에 따라 손 씻는 시설을 설치하고 있음에도 대장균에 감염
된 사례를 밝혀낸 바 있다.

　살모넬라에 대한 진단은 면봉을 이용해 항문에서 나온 변을 배
양해 조사해야 하는데, 문제는 실제로 양성임에도 음성으로 나오
는 경우가 있다는 것이다. 결국 모든 파충류는 살모넬라가 있으므
로 항상 문제가 될 요소가 있다고 판단해야 한다. 살모넬라는 병원
성을 가진 장내 세균의 일종으로 식중독의 원인이 된다. 실제로 사
람에게 살모넬라가 감염되어 항생제로 치료했으나 성공하지 못하
다 내성이 생겨 만성적 질병으로 발전한 사례가 있기 때문이다. 결
국 전염의 가능성을 줄이는 방법밖에 없다. 이를 위해서는 첫째 직
접적으로 파충류를 만지지 말고, 둘째 파충류가 있던 자리 역시 만
지지 않는 것이 좋다. 하지만 체험전은 이런 위험을 근본적으로 막
을 수 없다. 관람객들이 돈을 내고 동물원에 왔고 아무리 직원이 위
험에 대해 알리고 함부로 만지지 못하게 막으려고 해도 관람객의
통제가 쉽지 않기 때문이다.

　최근 양, 염소, 토끼 등 가축으로 분류되는 동물들이 체험전에 이
용되는 비율이 증가하고 있다. 가축이기 때문에 번식률이 높고 가
격이 싸며 공격성이 낮아 위험하지 않다는 이유에서이다. 그러나

우리가 일반적으로 위험하지 않다고 인지하고 있는 동물들로부터 발생하는 질병 사례는 의외로 많다.

영국의 경우 1990년대 말부터 열린 농장 형태로 된 체험 동물원이 유행했다. 대부분 동물에게 먹이를 주고 만지는 행사로 진행되며 양, 염소, 고양이, 개, 새 등이 등장한다. 이러한 형태의 행사는 일반 동물원에서도 이루어지고 있는데, 이는 관람객을 끌어들이기 위한 수단이 되기도 한다. 세계보건기구(WHO)에서 정의하는 인수공통전염병(zoonosis)은 인간과 척추동물 사이에서 전파되는 질병을 의미한다. 사람과 가축 양쪽으로 옮기는 전염병으로, 탄저병, 페스트, 광견병, 브루셀라 등이 있다. 인간과 척추동물 사이에서 발생한 직접 감염 사례 중 한 가지를 보자. 1994년 41세의 농부 왼쪽 뺨에 피부병이 발병했다. 호주 멜버른 대학 실험실에서 조사한 결과 백선균(Trichophyton verrucosum)에 감염된 것으로 나타났는데, 이는 소에서 직접 감염된 것으로 밝혀졌다.

간접적인 감염 사례로는 환경, 음식, 분변이 묻은 후 전염되는 경우 등이 있다. 2002년 8살 여자아이가 심장박동이 높아지고 호흡이 가빠지면서 복통, 발열, 체중감소 등의 증상이 나타났는데 골수검사 결과 브루셀라(brucellosis)에 감염된 것으로 나타났다. 이는 임산부가 임신 후반기에 유산이나 조산을 일으키는 질병이다.

이 밖에 매개체가 있는 감염의 대표적인 경우가 서부 나일강 열병(West Nile fever)이다. 이는 새와 모기, 사람 사이에서 감염되는 질병으로 눈이 아프고 열이 나며 설사 증상을 일으킨다.

야생상태에서 사람과 동물이 서로 접촉하는 경우는 많지 않다. 그러나 사례가 아예 없는 것은 아니다. 에볼라 바이러스는 사람과 영장류 모두에서 발병했다. 바이러스는 매우 위험하다. 내성을 가진 채 내부적으로 유전자 재조합이 일어날 수도 있다. 스페인 독감의 경우가 그렇다. 1993년 한타바이러스는 동물로부터 사람에게 옮겨갔다. 한 연구에 따르면 엘니뇨가 작물 성장에 영향을 줬고 이것이 설치류 급증의 한 원인이 되었으며 이로 인해 스페인 독감이 발병했을 가능성이 있다고 한다.

가장 큰 문제는 발병된 이후에야 원인과 피해 정도를 알게 된다는 데 있다. 따라서 이를 예측하고 컨트롤할 수 있는 인수공통전염병 통제 프로그램(zoonosis control program)이 필수적으로 운영되어야 한다. 인수공통전염병 통제 프로그램은 일종의 관찰·감시 프로그램으로, 운영을 위해서는 해당 기관의 운영자, 의사, 수의사, 전문가들이 모여야 하고, 정기적으로 위험 요소를 점검, 위기상황에 대처하기 위한 훈련이 필수적이다. 인수공통전염병의 위험성이 있다고 판단되면 이를 잘 통제해야 하며, 역학조사를 통한 데이터 수집도 매우 중요하다. 역학(疫學)이란 인간 집단 내에 발생하는 유행병의 원인을 밝히는 학문이다. 2007년 네덜란드에서 132개의 체험 동물원, 91개의 체험농장, 84개 농장형 캠프의 위생 상태를 점검했다. 손 씻는 시설, 동물과 사람 간의 공간 분리 여부 등을 조사했고, 조사결과는 위생실행지침서(Code of Hygienic Practices)에 반영되었다.

사람과 동물이 직접 접촉할 수 있는 형태의 동물원이 많아지면 이에 따라 질병 감염의 위험도 증가한다. 운영 중인 동물원은 질병 조사가 정기적으로 이루어져야 하며, 실험실과의 긴밀한 협조 관계가 필수적이다. 동물원은 동물원에서 질병에 감염될 수 있다는 사실을 관람객들에게 반드시 공지해야 하며, 질병 관리 가이드라인이 반드시 마련해야 한다. 카페테리아 등 방문객이 음료 및 음식을 섭취하는 공간은 동물 사육 전시 시설과 반드시 분리되어 있어야 하고, 동물과 가까이 한 후 손을 입으로 가져가는 행위를 해서는 안 된다. 특히 5세 이하의 어린아이와 임신부, 노약자 등 면역력이 약한 사람들에게는 이를 철저하게 지키게 하는 것이 더욱 중요하다.

동물과 인간이 접촉하는 장소는 동물 전시장, 체험 동물원, 펫샵, 동물 경매장, 동물용품 판매점, 동물 관련 기관, 자연공원, 서커스, 축제, 체험농장, 학교, 품평회, 동물과 사진을 찍는 행사 등 매우 다양하다. 따라서 동물로 인한 직접적인 상처, 접촉으로 인한 감염 등 위험요소 역시 다양하다. 2010년 미국 캔자스 주에서는 한 십대 학생이 순치되었다고 여겨진 호랑이 앞에서 사진을 찍다 죽는 사고가 발생했으며, 2008년 텍사스에서는 두 명의 고등학생이 늪 살모사(cottonmouth snake)에게 물리는 사고가 있었다. 사고 현장은 과학 교실이었고 이 동물에게 독이 없다는 잘못된 정보가 있었기 때문에 일어난 사고였다. 동물이 가진 독과 병원균, 강한 힘, 예측할 수 없는 여러 가지 위험요소 때문에 원숭이 및 영장류, 사자, 호랑이, 늑대, 곰 등의 육식동물, 박쥐, 라쿤, 스컹크, 여우, 코요테 등 광견병의 요소가 있는 동물은 사람과의 접촉을 완전히 차단해야 한다.

지방자치단체와 정부는 동물과 사람이 접촉하는 프로그램을 운영하는 모든 기관과, 이곳을 방문하는 개인에게 동물을 접촉할 때의 주의사항에 대한 정보를 충분히 제공하고 교육해야 한다. 의료와 보건 당국은 동물과 사람 사이에 감염되는 질병의 발병에 대해 조사하고, 이를 정기적으로 공표해야 한다.

최근 우리나라에서도 라쿤(미국 너구리) 등 여러 야생동물을 전시하는 카페가 성행하고 있다. 2003년 미국 버지니아 북부에서 25세의 남성이 사망한 사건이 있었다. 조사 결과 라쿤에 의해 감염된 것으로 밝혀졌으나, 이 환자는 애완너구리나 야생너구리와 접촉한 적이 없는 것으로 나타났다. 이와 같이 인수공통전염병의 감염 경로는 다양하고, 한번 노출되면 여러 사람들에게 추가 감염될 여지가 크다. 문제는 이런 야생동물 카페 역시 동물원법으로 관리하기 어려울 뿐 아니라 동물원에서 남아도는 동물을 이곳에 파는 경우가 많다는 데 있다.

프레리도그 역시 애완용으로 팔리기도 하지만 일본 정부는 원숭이두창, 야토병, 흑사병을 옮길 수 있다는 이유로 프레리도그의 판매를 금지시킨 바 있다. 2003년 6월 미국 중서부 지역에서는 프레리도그와 접촉한 사람이 원숭이두창에 감염된 사례가 있었다. 원숭이두창은 고열, 기침, 림프절 부종, 천연두와 유사한 발진을 특징으로 한다. 2003년 6월 이전에는 제외한 어느 나라에서도 원숭이두창이 보고된 적이 없기 때문에, 미국 보건 당국은 조사에 나섰다. 그러나 감염된 프레리도그를 추적하는 데 실패했다. 애완동물 교환 모임 등에서 개인 간에 프레리도그를 교환한 사례들이 있었기 때문이다. 이 사건 이후 몇몇 주에서는 프레리도그의 판매를 금지했고, 연방 정부는 일부 아프리카 설치류의 수입을 제한했다. 이 사건의 교훈은 야생동물과 인간의 접촉이 가져올 수 있는 위험이다. 일반인들은 말할 것도 없고 동물원에서 일하는 직원조차 감염 위험성을 항상 견지해야 한다.

애완동물과 엄연히 다른 야생동물 

체험 동물원은 관람객들에게 동물에 대한 환상을 심어준다. 자연을 인위적인 공간 내에 만들어 즐기는 가운데, 애완동물과 야생

질병 전염의 위험이 있는 야생동물을 무분별하게 만질 수 있는 체험 동물원이 늘고 있다.
사진 속 동물은 프레리도그다.

동물의 경계가 무너진다. 야생동물은 애완동물과는 다르다. 만지고 먹이를 주는 체험 활동이 인간에게 끼칠 수 있는 부정적인 영향을 근본적으로 막을 수 없으며, 그 위험은 잠재적이지만 발생 가능성 역시 크다. 먹이 주기 체험의 경우 맛있게 받아먹는 것을 목적으로 하기 때문에 사육사들이 동물들에게 줘야 하는 먹이를 제한한다는 것은 공공연한 사실이다. 동물원법 상 먹이를 제한하는 것은 불법이지만 이를 제어하기란 사실상 어렵다. 각 동물에게 필요한 종별, 개체별 영양이 충분하게 공급되지 않았을 때 장기적으로는 면역력 감소에 따른 문제점이 동반될 수 있다. 먹이 주기와 만지기 체험은 엄격하게 관리하지 않을 때 문제를 일으킨다.

최근 국내에서는 체험 프로그램이 더욱 다양하게 발전하고 있다. 우선 새로 건립되는 수족관의 경우 수족관 내 체험 동물원이 만들어지고 있다. 이는 수족관 내에 돌고래를 비롯한 대형 해양포유류의 도입이 점차 어려워지면서 나타나는 현상이다. 비용 대비 효과가 높은 것이 체험 동물원이기 때문이다. 그러나 체험 동물원은 아이들의 건강에 위협적인 요소가 많으며 동물의 스트레스를 가중시킬 위험도 크다. 또한 체험전을 통해 이윤을 얻는 것이 목적이라면 그 위험은 더욱 커진다. 업자는 고객의 요구를 근본적으로 제어하기 어렵다. 무엇보다 수족관 내에 체험전이 들어선다면 수족관 본연의 임무에서 벗어날 우려도 많다. 수족관의 임무는 해양생태계

보전의 필요성을 국민들에게 홍보하고 다친 동물을 치료한 후 야생
으로 방류하는 것과 해양생물의 종 보전과 연구여야 한다.

　동물을 만지고 먹이 주는 체험 동물원이 전 세계적으로 유행하고
있는 때에 체험 동물원을 설립·운영하는 기준이 없다면 동물의 복
지는 훼손될 수밖에 없고 인간에게 미치는 영향 역시 무시할 수 없
다. 동물의 복지와 인간의 건강을 지키고 좋은 동물원을 만들기 위
해서 체험 프로그램은 축소되거나 없어져야 한다.

전해준 병들

아래의 모든 사례는 논문 〈Zoonoses Associated with Petting Farms and Open Zoos〉(Jonathan Stirling 외, 2007)를 참고했다.

○ 1981년 미국 덴버 동물원에서 619건의 분변 샘플을 조사한 결과, 새, 가축, 고양잇과 동물, 영장류, 너구리판다, 파충류 등에서 캄필로박터(campylobacter)가 발견되었다. 이는 먹이와 밀접한 관련이 있는 박테리아다. 1998년에는 남부 조지아에서 100마리의 마카로니펭귄, 40마리의 검은눈썹알바트로스, 100마리의 회색머리알바트로스, 206마리의 남극물개로부터 분변을 채집했는데, 그중 3건의 마카로니펭귄 분변에서만 캄필로박터가 발견되었다. 또한 2005년에 남극의 6개 펭귄 그룹에서 분변 233건을 조사했는데 캄필로박터와 살모넬라가 발견되지 않았다. 이것은 자연의 야생동물에서는 감염성을 가진 캄필로박터와 살모넬라가 거의 발견되지 않는다는 것을 의미한다.

○ 2004년 미국 노스캘리포니아 박람회에서 2개의 페팅 주가 운영되었는데 이곳을 방문한 사람들 중 108명이 설사 증상을 일으켰다. 검사 결과 반 정도가 대장균에 심각하게 오염되어 있었고, 3명이 급성 신장 손상, 혼수상태 등을 증상으로 보이는 용혈성요독증후군에 감염되었음이 드러났다. 방문객들은 주로 양과 염소를 만지면서 감염되었는데, 문제는 직접 동물을 만지지 않더라도 여전히 감염의 위험이 있다는 것이다. 양과 염소 주변에 오염된 물건을 만지거나 분변을 밟았을 가능성, 넘어져 땅바닥에 손이 닿았을 가능성 등 감염의 원인은 다양할 수 있다.

○ 2005년 미국 플로리다에서 있었던 박람회에서 63명의 사람들이 대장균에 감염됐다. 이중 17명이 병원에 입원했는데 조사 결과 이곳에 참여했던 업체 중 하나는 동물 만지기 체험을 전문으로 하는 농장이었음이 밝혀졌다.

○ 2005년 미국 애리조나 동물원에서도 발병 사례가 있었다. 이곳의 페팅 주를 방문했던 아이 2명이 설사 증상을 일으켜 동물원에서 25개의 샘플을 채취했는데, 이중 15개에서 대장균이 발견되었다. 이 사건으로 동물원의 체험 동물원은 문을 닫았고, 그 주변에 있는 놀이시설도 폐쇄했다. 동물들이 있는 곳이 아님에도 이곳을 폐쇄한 이유는, 아무리 손 씻는 방법에 대한 안내를 철저하게 하더라도 아이들의 부주의한 행동을 막기가 대단히 어렵기 때문이다.

○ 2004년 2월 오스트리아 비엔나 동물원에서 피 설사를 하던 바바리마카크(Barbary macaque)가 사망한 후 오랑우탄도 연이어 피 섞인 설사를 하다 사망한 사건이 있었다. 죽은 오랑우탄의 사육 시설을 청소하던 직원 역시 이후 피 설사를 하며 4일간 입원했는데, 조사 결과 그는 이질균인 플렉스네리이질균(Shigella flexneri)에 감염된 것으로 나타났다.

○ 1995년 4월 웨일즈 펨브로크셔에 있는 체험농장에서 8살에서 11살까지의 아이 43명과 4명의 인솔자가 일주일간 머물면서 소들에게 먹이를 주고, 염소젖을 짜고, 사육 조류의 알을 줍는 등의 체험 활동을 했는데 이중 27명의 아이와 4명의 어른에게서 설사, 복통, 구토 등의 증상이 나타났다. 검사 결과 6명의 아이와 1명의 어른이 크립토스포리디움증(cryptosporidiosis)에 감염된 것으로 나타났다. 이 아이들은 체험활동이 끝날 때마다 손을 씻고 옷과 부츠를 모두 갈아입었음에도 이 질병에 감염된 것이다.

○ 원숭이두창(monkeypox)은 프레리도그에게서 사람으로 전염될 수 있다.

2004년 미국 위스콘신에서 3명의 사람들이 봉와직염(cellulitis, 주로 다리 부위 피부가 붓고 열이 나는 증상)의 증상을 나타냈는데, 조사 결과, 이들은 프레리도그에게 물린 것으로 나타났다. 검사결과 이들은 진성두창바이러스(orthopox virus, 폭스바이러스과에 속하는 포유동물에 발진을 동반해 전신감염을 일으키는 바이러스)에 감염된 것으로 나타났다.

○ 실박스 바이러스(Sealpox virus)는 1969년에 처음 발견되었는데 2005년까지 인간의 감염 사실을 몰랐다. 북아메리카의 해양동물 보호시설에 있는 물개 중 2%는 모두 이 바이러스를 보유하고 있는 것으로 나타났다. 감염된 동물을 다루다 물린 직원 역시 감염의 위험이 있다.

○ 1984년에서 1996년 사이 미국 일리노이에 있는 동물원의 코끼리 3마리의 사망 원인은 폐질환이었는데, 검사 결과 이들은 결핵균(Mycobacteria)에 감염된 것으로 나타났다. 1996년 4번째 코끼리를 검사한 결과 같은 균주에 감염된 것으로 나타났고, 코끼리와 함께 일했던 22명의 직원을 조사한 결과 이중에 11명이 양성 반응을 나타냈다. 이는 사람과 코끼리 사이에서도 질병이 감염될 수 있다는 것을 보여준다.

○ 1999년 8월 5마리의 흑곰이 급성중추신경 이상 증세를 보이며 죽게 되었는데 검사 결과 광견병(Rabies)에 걸린 것으로 나타났다. 이 곰들은 미국 아이오와에 있는 페팅 주 출신으로, 페팅 주 업자는 그곳을 방문한 사람들을 대상으로 곰 먹이주기 행사를 진행했는데, 심지어 농부들의 자선단체에서 이 곰들을 행사에 동원한 적도 있는 것으로 나타났다. 이 자선행사에는 28일 동안 10개 주에서 400여 명의 사람들이 방문했다.

7.
동물공연의 그림자

동물공연의 실상 🐾

　동물을 이용한 공연의 역사는 18세기로 거슬러 올라간다. 1768년 사람이 말을 타고 묘기를 부리는 공연이 유럽에 처음 등장했다. 19세기 동안 유럽과 미국에서는 곰의 원통 타기, 호랑이와 사자의 세발자전거 타기, 곰의 공중 줄타기, 허들 경주, 시소와 계단 오르내리기 등의 공연이 선보였다. 초기에는 이들을 길들이기 위해 채찍, 몽둥이 등이 동원되었으나 잔혹한 훈련 방식은 동물들의 조기 폐사로 이어졌고 이후 먹이를 통한 훈련이 제안되었다.

　이후 동물공연은 전 세계적으로 유행했다. 코끼리와 호랑이, 사자, 곰, 물개 등 공연에 동원된 동물은 다양하다. 그러나 공통된 특징이 있다. 모두 고등포유류라는 점이다. 공연의 형태도 다양하며 시간이 지나면서 여러 가지 형태로 진화했다. 고정된 공연장에서 이루어지거나, 업체가 이동하면서 만들어내는 서커스 공연이거나, 동물원 내부 프로그램으로 부정기적으로 이루어지는 공연도 있다. 최근에는 동물과 사진을 찍거나 만지는 등 관람객과 소통하며 스토리를 만들어내는 형태까지 등장했다.

동물공연이 상업적으로 성공하려면 자연 그대로의 모습을 보여주기보다 인위적인 행동을 만들어낼 필요가 있었다. 동물 다큐멘터리를 보면서 우리가 다소 지루하다고 생각하는 이유는 다큐멘터리에서 포착하는 장면이 먹이 찾기, 짝 찾기 등 동물이 하는 자연스러운 행동을 천천히, 그대로 보여주기 때문이다. 그러나 짧은 시간에 많은 관객을 만족시키기 위해서는 동물의 자연스러운 행동을 기다릴 수 없다. 또한 관람객을 즐겁게 하기 위해서는 일반적인 동물의 행동만 보여줄 수는 없다. 동물공연과 쇼의 목적은 관람객을 만족시키는 것이지 동물을 위한 것이 아니기 때문이다. 곰이 자전거를 타거나 철봉 묘기를 하거나 장애물을 넘는 행동을 공연장에서 보여주는 이유는 사람들이 하는 행동을 동물이 하면 재미를 느끼기 때문이다. 또한 동물공연은 사람이 동물을 통제한다는 우월감의 욕구를 만들어낼 수 있다. 인간이 동물에게 어떤 인위적인 행동을 유발하고 그것을 훈련시켜 성공시켰다는 쾌감은 인간이 자신보다 열등

하거나 낮은 존재를 통제하겠다는 욕구를 만들어낸다.

동물복지 원칙에 위배되는 동물공연 

　현재 동물공연은 전 세계적으로 감소 추세이다. 오락이나 쇼가 다채로워지면서 이에 대한 흥미가 떨어진데다 각국마다 동물보호법이 발전했기 때문이다. 싱가포르의 경우 동물공연이 금지되었고 코스타리카와 이스라엘에서는 동물 서커스가 전면 금지되었다. 체코와 덴마크, 핀란드, 인도, 스웨덴은 일부 동물에 대해, 벨기에와 에스토니아, 폴란드는 야생에서 생포한 모든 동물의 사용을 금지하고 있다. 영국아일랜드동물원수족관협회와 세계동물원수족관협회 등은 전시 동물과 쇼 동물의 환경에 대해 다음과 같은 원칙을 준수하도록 하고 있다. 건전한 보존 메시지와 교육적 가치를 전달해야 하며, 자연적 행동에 중점을 두어야 한다. 동물공연은 동물의 행동을 왜곡하기 때문에 비교육적이며, 부자연스러운 행동을 장기적으로 수행해야 하기 때문에 동물의 건강에도 나쁘다.

　동물공연에 이용되는 동물들은 모두 척추동물이며 그중에서도 고등동물이 인기를 끈다. 그러나 코끼리, 침팬지, 오랑우탄, 돌고래 등 자아의식을 가진 것으로 알려진 동물들이 공연에 동원될 때

코끼리에게 쇼를 위한 인위적인 훈련이 엄청난 스트레스를 줄 수 있다는 사실은 이미 알려져 있다.

에는 인간과 비슷한 스트레스를 받는다. 이런 동물들은 지능이 높고 사회성이 있어 복잡한 행동적 요구사항이 있을 수밖에 없어 복지 상태를 맞추기가 어렵다. 또한 정형 행동의 원인을 찾아내기 어렵고 공연에 이용되는 경우 동물의 건강에 매우 위험할 수 있다. 생태학자이며 심리학자인 게이 브래드쇼(Gay Bradshaw)는 자아의식을 가진 코끼리가 일정한 정신적 충격을 당한 다음 인간처럼 '외상 후 스트레스 증후군'을 겪는다는 것을 밝혀냈다. 이미 미국의 글래디스포터 동물원 등 많은 동물원은 코끼리 공연을 중단했다. 공연에 이용되는 코끼리들은 일정한 시간에 공연에 투입되어야 하기 때문에, 전시되는 코끼리보다 더 엄격한 통제를 필요로 한다. 이 코끼리들의 발목에 대부분 사슬이 감겨 있는 이유다. 조련사들은 신체적 구속을 하나의 훈련으로 생각하는 경향조차 있다. 무엇보다 조련사 역시 감정을 가졌다는 데 문제의 심각성이 있다. 동물이 말을 듣지 않아 조련사가 감정이 격해졌을 때 종종 신체적 학대가 일어나기도 하는데, 동물이 이를 막아낼 수 없고 동물들 스스로 왜 이런 벌이 자신에게 가해지는지 이해할 수 없기 때문에 혼란과 스트레스는 더욱 커진다.

정형 행동은 갇혀 있는 야생동물에게는 흔한 현상인데, 일반적으로 공연에 이용되는 동물에게 더 심각하게 나타나는 것으로 알려져 있다. 호랑이의 경우에도 서커스와 동물공연의 환경은 더욱 열악하

다. 호랑이는 보통 야생에서 단독생활을 하지만 공연에 이용될 때
는 바로 옆에 다른 호랑이들이 있게 되기도 한다. 이것 자체가 호랑
이에게는 매우 큰 스트레스이다. 운송할 때 역시 매우 큰 스트레스
를 받게 되고 먹이의 영양이 불균형하게 공급되는 경우 미네랄 부
족으로 뼈 형성 장애가 발생한다는 보고도 있다. 기계음과 고통 소
음, 관중들이 환호성 등도 청각적 스트레스의 요인이 된다. 호랑이
가 지속적으로 발생하는 고음의 소리에 영향을 받아 위장염에 걸리
고 인도왕뱀이 패혈증에 걸렸다는 보고가 있다. 영장류와 우제류(소
류) 역시 큰 소리에 영향을 받아 회피 행동, 불면증, 탈출 행동을 하
기도 한다.

코끼리 공연과 돌고래 공연 등이 전 세계적으로 비판을 받자 국
내에서도 이들을 이용한 공연은 감소 추세이다. 그러나 다양한 형
태의 동물공연은 여전히 지속되고 있다. 바다사자나 조류를 이용한
공연, 고등동물을 이용한 공연이 진행 중이다. 일부는 공연장 내에
서 이루어지고 어떤 공연은 야외에서 진행되기도 한다. 어떤 공연
은 생태설명회라는 이름으로 이루어지기도 하는데, 동물원은 이것
이 쇼가 아니라고 주장한다. 사실 둘을 구분하기 매우 어려운 경우
도 있다. 동물원이 시대에 따라 변화하듯이 동물을 이용한 공연도
변화한다. 따라서 기준을 명확히 할 필요가 있다. 때리거나 학대하
면서 동물을 조련하는 시대는 이미 지났다. 최근에는 동물에게 먹

무리한 동물공연은 동물의 부자연스러운 행동을 유발한다.

이를 통해 훈련하며 교육한다고 주장하는 업체와 조련사들도 많다. 그러나 이는 동물을 잘 돌보기 위한 긍정적 강화훈련과는 다르다. 목적이 다르기 때문이다. 이를 구분할 수 있는 시각이 필요하다. 아무리 조련사가 동물을 사랑으로 대한다 해도 근본적으로 이것은 부정적 방법에 기인해 있다. 사다리 오르기, 공 타기, 뒷다리 서기, 줄넘기, 훌라후프 돌리기, 자전거 타기 등은 평상시에 동물이 하지 않는 행동이다. 동물공연의 상당수는 동물의 부자연스러운 행동을 유발한다. 따라서 동물공연은 동물복지의 원칙에 명백히 위배된다.

생태설명회와 공연은 어떻게 다를까? 최근 동물원과 수족관에서는 동물공연에 대한 부정적 측면을 고려해 공연을 중단하고 생태설명회로 전환하고 있는 추세이다. 그러나 언뜻 보면 관중 앞에서 묘기를 부린다는 점에서 별 차이를 못 느끼는 시민들이 많다. 어떻게 구분할 수 있으며, 어떤 시선으로 설명회를 바라봐야 할까? 동물공연의 부정적 측면은 동물들이 평상시에 하지 않는 행동을 유발한다는 점에 있다. 자전거 타기, 철봉 매달리기 등은 동물의 자연스러운 행동이 아니다. 그러나 수족관에서 돌고래들이 점프하기, 헤엄치기 등은 자연계 내에서도 종종 하는 행동이다. 단, 동물들이 하기 싫어할 때에는 참가하지 않도록 해야 하고, 반복되는 행동을 오래 하도록 해서도 안 된다. 무엇보다 지나친 의인화를 공연 중에 이끌어 내거나 옷을 입혀 사람들 앞에서 웃음거리를 만드는 행위는 바람직하지 않다. 생태설명회는 당장 자연으로 돌려보낼 수 없는 동물들을 무료하게 가두지 않고 대신 관람객들에게 생태보전의 메시지를 주고자 마련된 일종의 타협책이다. 따라서 생태설명회는 다음의 원칙을 지켜야 한다.

첫째, 사육사는 훈련의 필요성에 대해 관람객들에게 설명해줘야 한다. 인위적 공간에서 야생동물들이 살아가는 데 많은 스트레스를 받지만 건강검진을 하지 않으면 질병 예방이 되지 않고, 따라서 검진을 위한 긍정적 방식의 훈련을 하고 있다는 메시지를 줘야 한다.

둘째, 그 동물의 자연 생태계 보전의 메시지를 알려줘야 한다.

셋째, 동물의 개체별 정보에 대해 알려줘야 한다. 관람객들은 동물의 성격, 현재 상태 등을 자세히 알고 싶어 한다. 그 정보는 관람객들에게 동물원에 대한 신뢰로 작동한다.

ZOO

8.
동물에게도
복지가
필요하다

동물복지의 개념이 생겨나다

　20세기 중반이 되면서 동물원은 변화의 계기를 마련한다. 1964년 영국 작가 루스 해리슨(Ruth Harrison)이 제2차 세계 대전 이후 집약화된 공장식 축산에 비판적인 시각을 제기하면서 동물복지 개념이 등장했다. 이후 1965년 영국의 로저 브람벨(Roger Brambell)이 이끄는 위원회에서 농장 동물복지에 관한 보고서가 발표되어 동물도 고통과 스트레스를 받으며 불안, 두려움, 좌절, 기쁨을 느끼는 존재임이 인정되었고, 1979년, 농장동물복지위원회(Farm Animal Welfare Council, FAWC)는 동물복지를 위한 5대 자유를 발표했다. 이후 이 개념은 농장 동물뿐 아니라 기타 실험용 동물과 동물원 동물 등 일반

공장식 축산

산업혁명 이후 시작되어 제2차 세계 대전 이후 전 세계적으로 확장된 가축 생산 시스템을 의미한다. 먹을거리의 재료가 되는 소, 돼지, 닭 등을 단시간 내에 최대한 많이 생산하기 위한 시스템이다. 동물을 공장 물건처럼 찍어낸다는 의미에서 공장식 축산이라고 부른다. 소의 경우 단시간 내에 살을 찌우기 위해 곡식 사료를 먹이는데, 되새김질을 하며 천천히 풀을 소화시키는 소에게 만성적인 질병을 유발한다. 또한 최대한 많이 새끼 돼지를 생산하기 위해 어미돼지는 몸을 겨우 움직일 정도의 공간에서 대부분의 시간을 보내게 된다.

적인 동물에 대한 동물복지의 기본 원칙으로도 쓰였다.

동물복지란 동물의 신체적 건강과는 다른 개념으로 일반적으로 삶의 질과 관련되며 '기본적인 욕구가 충족되고 고통이 최소화되는 상태'를 의미한다. 미국수의사협회(American Veterinary medical Association, AVMA)는 동물복지를 '동물에게 적절한 주거환경 제공, 관리, 영양 제공, 질병 예방 및 치료, 책임감 있는 보살핌, 인도적인 취급, 인도적인 안락사 등 필요한 경우 관련한 모든 것을 제공해야 하는 의무'로 규정하고 있다. 또한 데이비드 프레이저(David Fraser)는 복지가 의미하는 바를 셋으로 구분하고 있다. 첫째, 복지는 생물학적 기능이 높은 수준이어야 함을 의미한다. 즉 동물은 질병, 상해, 영양 부족이 없어야 한다. 둘째, 복지는 장기간 아픔, 고통, 피로, 불안, 배고픔, 목마름과 다른 부정적인 경험이 없고 고통을 최소화해야 한다. 셋째, 복지는 동물이 편안하고 만족함을 느끼는 긍정적인 경험과 놀이, 탐험같이 기쁨을 줄 수 있는 활동이 있어야 한다.

동물원은 20세기 중반 이후부터 환경운동단체의 직접적인 비판의 대상이 되었다. 동물복지의 원칙에서 보면 야생동물을 가두는 것은 사실상 학대다. 동물원이 동물복지를 실현하고 있지 못하다는 비판은 점차 거세졌다. 이런 도전에 대해 동물원은 어떻게 대응했을까. 동물원과 수족관 역시 환경을 파괴하고 자연을 왜곡하는 이기적인 집단으로 남을 수는 없었다. 무엇보다 전 세계적으로 야생동물의 멸종 문제는 심각해지고 있었다. 동물원과 수족관은 각 기관에 대한 새로운 개념 정립을 시도해야 했다. 동물원, 수족관의 협의체를 만들고 멸종 위기종의 보전을 위한 활동을 중심으로 내세우기 시작했다.

세계동물원수족관협회(WAZA)와 유럽동물원수족관협회(EAZA) 등이 내세우기 시작한 전략은 무엇일까. 동물원 관련 국제기구에서 현재 공통적으로 내세우고 있는 현대 동물원 운영의 원칙 중 가장 중요한 것은 보전(Conservation)이다. 여기에 덧붙여, 교육(Education), 연구(Research) 기능이 강조되고 있으며, 동물복지(Animal Welfare)의 원칙이 최근 등장했다. 이들은 동물복지 기준에 해당하는 자체 윤리 장전을 갖추고 각 회원국들에게 동물원 운영에 있어서 동물복지에 대한 일정한 윤리적 기준을 갖추도록 권고하고 있다.

보전이란 생태계 내의 멸종 위기종을 보호해 향후 생태계의 복원에 필요한 유전자를 보유한다는 의미이다. 멸종 위기종의 보전이란 현대 생물학의 원칙에 따라 순종인 동물을 보유해야 하고 근친교배가 일어나지 않게 해 유전적 다양성이 지켜지도록 하는 것이다. 또한 아종끼리의 교배를 피하고 혈통 보전이 제대로 이루어져야 한다. 연구 기능은 이런 종 보존의 기능과 동떨어지지 않는다. 현재 야생에 살고 있는 동물의 서식 현황을 알아야 하고, 동물원 내에 보유하고 있는 동물의 유전자와 계통을 알아야 하며, 이들의 건강과 생태적 특성 등에 대한 연구가 필요하기 때문이다. 교육 기능은 시민과 아이들에게 자연생태계에 대한 올바른 지식을 전달하고 환경과 자연에 대한 보전을 실천하게 유도하는 기능이다.

현대 동물원은 진화하고 있다. 이제 더 이상 좁은 공간에 동물들을 무조건 가두고 인간의 호기심 충족을 위해 학대하며 전시하는 모습을 당연하게 받아들이는 동물원이나 시민들은 거의 없다. 그럼에도 동물원은 여전히 동물을 사랑하는 시민들에게 감시와 비판의 대상이다. 아무리 좋은 목적을 지녔다 해도 여전히 해야 할 숙제가 많다는 의미다. 왜 그럴까?

동물원이 내세우고 있는 운영 목적과 달리, 실제로 동물원에는 너무 많은 동물들이 살고 있으며, 그들 중 상당수는 자신의 생물학적 본능을 전혀 충족시키지 못하고 있다. 종 보전의 목적으로 도입

했다고 하는 동물도 사실 명목상 종 보전을 한다고 할 뿐, 열악한 환경에 방치된 경우가 많다. 무엇보다 살아 있는 동물을 보여주는 것이 교육적 효과가 있느냐는 의문은 계속되고 있다. 동물원이 보전과 교육이라는 공적 기능을 내세우고 있으나 사실 어떤 효과가 있는지 명확하지 않다는 비판이다. 동물원이 보유하고 있는 멸종 위기종은 행복하게 잘 살고 있는지, 동물원에 있는 동물을 보면 아이들의 교육에 어떤 도움이 되는지 생각해봐야 한다.

동물원은 논란의 대상이나 여전히 그 수가 많고, 오히려 일부 지역에서는 증가 추세다. 일부 동물원은 멸종 위기 동물을 보존해 이를 성공적으로 자연에 방류하고 있다. 전문적 연구자들이 포진하고 있고 야생동물에 대한 투자 역시 이루어지고 있다. 그러나 여전히 일부 동물원들은 좁고 열악한 전시장에 동물을 방치하고 있으며 동물복지 수준 역시 향상되지 못하고 있다. 이것은 현대 사회가 직면하고 있는 동물원의 문제점이며 근본적인 한계점이다. 발전하고 있는 야생동물의 연구와 종 보전 기술에도 왜 여전히 동물원은 문제점을 가지고 있을까. 우리는 현대 동물원의 문제점에 보다 구체적으로 다가가 볼 필요가 있다.

현대 동물원의 문제점

'종 보전을 한다'라고 말해서 종 보전이 되는 것이 아니고, 동물을 사랑한다고 말을 해서 동물복지가 그대로 실현되지는 않는다. 어떤 기준으로 동물원을 운영하느냐에 따라 결과는 매우 다를 수 있다. 어떤 것이 시민들에게 올바른 환경과 자연에 대한 이해를 돕는 교육인지도 기준에 따라 다를 수 있다. 뱀을 만지는 체험 동물원에 가는 것이 교육적이라고 주장하는 사람들이 있다. 반면에 동물원은 학대라고 주장하는 사람이 있다. 동물원마다 사람마다 자기만의 기준을 세워 실행할 수 있다.

환경운동단체와 동물보호단체는 동물원이 내세우는 종 보전 원칙에 대해 최근까지도 의문을 제기하고 있다. 과연 동물원이 종 보전을 제대로 하고 있느냐는 것이다. 종 보전을 내세우지만 사실상 상업적 기능을 하고 있지 않느냐는 의심이다. 법과 제도, 원칙이 필요한 것은 이런 이유 때문이다. 교육과 종 보전, 복지는 각자의 생각에 따라 다를 수 있다. 따라서 기준을 만들자는 것이다.

각 나라는 국가의 상황에 맞게 동물원의 운영에 관한 기준과 동물복지 실현을 위한 법을 만들어왔다.

영국은 2000년 3월에 환경식품농업부(DEFRA)에서 현대동물원 운영지침(SSSMZP)을 발표했고 여기에서 동물원 동물복지의 5가지

기본 원칙을 제시했다. 그 원칙은 다음과 같다.

동물원 동물복지 5대 기본 원칙

1. 물과 음식의 제공

- 물과 음식의 제공은 동물이 충분한 건강과 활력을 유지하게 먹을 것을 제공하는 것을 의미한다. 영양적으로 균형 있고 필요한 음식을 적절히 제공하되, 서식지에서 먹던 음식을 먹이는 것이 원칙이다. 만약 그것이 불가피할 경우 영양분이 고루 들어간 배합사료와 과일이나 채소, 고기 등 그 종의 습성에 맞는 음식을 별도로 제공해야 한다.

- 동물 관리자는 동물의 개체별로 상태를 관찰하고 관리해야 한다.

- 자연스럽게 음식을 먹을 수 있는 행동이 가능하도록 배려해야 한다. 무리 안에서 서열이 있는 동물의 경우 서열에 밀려 음식을 먹지 못할 가능성을 고려해, 관리자는 각각의 동물이 음식을 잘 먹고 있는지 관찰해야 한다.

- 음식을 제공한 후 남은 음식에 각종 미생물이 생겨 음식물이 오염되지 않았는지 점검해야 한다.

2. 적당한 환경 제공

- 각 동물에게 맞는 신체적, 정신적 환경을 제공하는 것을 의미한다. 그 동

물이 살던 서식지의 기후가 전시되고 있는 나라의 환경과 맞지 않을 때
에는 냉방, 온방 등의 시설을 잘 갖추어야 한다.

- 야행성 동물의 경우 낮에 관람객이나 다른 동물들의 방해를 받지 않고
충분히 잘 수 있도록 은신처를 제공해야 한다. 골토성(굴을 파는 습성)이
있는 동물에게는 땅을 팔 수 있는 환경을 마련해줘야 한다.

- 오르기를 좋아하는 동물에게는 오르는 기구를 설치하는 등 동물에게 자
연스럽고 적절한 환경을 갖추도록 해줘야 한다.

3. 동물 건강관리 제공

- 동물의 질병을 예방하고 다치거나 아플 때 치료를 가능하게 하는 등 수
의학적 처치를 제공하는 것을 의미한다.

- 동물들은 모두 질병을 막기 위한 백신을 접종해야 하고, 기생충 예방도
해야 한다.

- 전시관 안에 철골, 나뭇가지 등 동물이 다니면서 다칠 우려가 있는 곳이
있는지 수시로 살펴야 한다.

4. 정상적인 행동을 표현할 수 있는 기회 제공

- 환경 풍부화를 통해 동물의 생물학적 행동을 표현할 수 있는 기회를 제
공하는 것을 의미한다. 모든 동물은 동물이 사는 서식지에서 자연스럽게

하는 행동을 동물원에서도 최대한 할 수 있어야 한다.

- 정형 행동은 동물원 동물의 복지 상태를 판단하는 대표적인 지표이다.
  정형 행동을 하는 동물이 있다면 최대한 없애줄 수 있도록 해야 한다.

5. 공포와 고통으로부터의 보호

- 동물은 모두 공포와 정신적 스트레스를 경험한다. 따라서 동물에 대한
  전문화된 지식과 훈련을 거친 직원이 동물을 적절하게 다뤄야 한다.

- 사육사는 동물 우리 내 동물들 간에 빚어지는 문제와 관람객과의 접촉에
  서 생기는 문제를 해결할 능력이 있어야 한다.

- 동물들은 기후의 문제로 장기간 실내에서 살아야 하는 기간이 있다. 사
  육사는 이 문제를 해결할 수 있어야 한다.

영국은 1900년과 1911년에 포획 야생동물 보호에 관한 법률
(Wild Animals in Captive Protection Act)을 제정해 동물원 동물을 보호대
상으로 규정하기 시작했고, 동물원 동물복지라는 개념은 1981년
제정된 면허법에서 도입되었다. 이 법은 1984년부터 시행되기 시
작했는데, 이 법에 따르면 일정 조건을 갖춘 동물원은 모두 면허를
취득하고 검사를 받도록 하고 있으며, 동물이 최대한 정상적인 행
동을 표출할 수 있도록 적당한 환경을 제공하고 보장하도록 규정하

고 있다. 이 법에서는 동물원 혹은 동물을 전시하는 시설을 갖추고 7일 이상 전시할 예정인 모든 기관과 개인은 면허를 받도록 되어 있다. 면허를 받기 위한 조건은 그 전시 기관이 보유하고 있는 동물에 대한 충분한 정보와 인력, 자원, 재정 등을 보유하고 있는지를 평가하는 것이다. 면허는 일정 기간 후에 다시 갱신되어야 하는데 이는 동물원이 제 기능을 수행하는 데 문제가 없는지를 정기적으로 점검한다는 의미다.

현대 동물원 운영 원칙이라는 국제적 기준이 있지만 나라마다 자체적으로 동물원 관련법을 만들고 있다. 동물원 동물복지의 원칙이 실제 상황에서 제대로 실현되기 위해서는 각 나라의 제도와 문화, 현실에 따라 조정된 알맞은 기준이 필요하다. 나라마다 역사가 다르고 문화가 다르기 때문이다. 동물원의 관리 및 운영의 원칙, 운영자의 자격기준 등을 법률을 통해 만들고 있다는 것은 동물원 동물에게도 복지라는 기준이 매우 중요하게 된 시대가 되었다는 의미다. 동물원 동물복지의 5대 원칙은 전 세계 동물원에서 공통적으로 적용되는 일반적 기준으로 자리 잡고 있으며, 지역별·국가별로 형성되어 있는 동물원수족관협회 역시 복지를 중요한 원칙으로 받아들이고 있다.

종 보전과 교육, 복지의 조화

동물원수족관협회가 내세우는 가장 중요한 기준은 보전이다. 이 보전의 기능은 복지, 교육과 어떻게 조화를 이루고 있을까.

현대 동물원의 교육과 복지에 대한 기준 역시 보전 전략과 연관성을 가지고 있다. 동물원 교육의 기본 바탕은 전시하고 있는 살아 있는 동물이 관람객의 흥미를 이끌어내는 중요한 요소라는 데 있다. 이 때문에 교육의 원칙은 복지와 관련이 있다. 살아 있는 동물에게는 종의 특징에 맞으면서 개체로 삶의 질을 어떻게 보장할 것인지가 가장 중요하기 때문이다. 현대 동물원이 시민을 대상으로 한 대중적 성격을 표방하고 나선 이상 방문객의 수는 항상 많을 수밖에 없고 구성원 역시 다양할 수밖에 없다. 따라서 동물원 교육에서 다룰 수 있는 내용 역시 다양하다. 최근 동물원 교육은 동물의 행동, 번식, 영양뿐 아니라 진화론, 생태학까지 확대되어 다양한 내용으로 발전하고 있다. 그러나 교육에서도 가장 강조되고 있는 것은 보전의 원칙이다. 동물원의 종 보전 교육은 '동물원은 인간의 개입이 자연서식지와 생태계의 조화를 어떻게 파괴하고 있는지를 설명할 수 있어야 한다.'는 것이다. 따라서 현대 동물원 보전에 기초한 동물원 교육은 매우 전문적 성격을 가져야 한다.

보전과 교육, 복지는 서로 연관되어 있다. 효과적인 동물원 교육을 위해서는 동물원 내 동물들이 자연 상태와 비슷한 환경에서 살고 또 비슷한 행동을 보이도록 하는 것이 중요하다. 열악한 환경에 방치된 동물을 보는 것은 매우 비교육적이다. 또한 보전 교육은 동물원이 실시하는 종 보전, 서식지 보전, 연구 활동을 설명할 수 있어야 한다. 이런 역할은 각각 서로 다른 기능인 듯하지만 올바른 동물원의 기능이 무엇인지를 평가하는 중요한 기준이 된다.

동물원은 한정적 공간이다. 또한 살아 있는 동물이 전시되어 있다. 동물들은 번식할 것이고, 개체 수는 늘어날 것이다. 동물원의 개체 수가 수용 능력을 벗어나게 된다면 동물복지 수준은 현저히 떨어질 것이다. 이를 해결하기 위해 현대동물원은 어떤 방법을 사용하고 있을까.

첫째, 체계적인 동물 등록과 분석도구를 갖출 필요가 있다. 동물원은 서식지 외 보전기관이다. 서식지는 아니지만 살아 있는 야생동물이 살고 있는 보호기관이라는 의미이다. 나날이 심각해져 가는 생태계의 파괴로 서식지 외 개체군의 중요성은 더욱 커지고 있다. 그런데 이 동물 개체군 관리는 개체군이 본래 가지고 있는 유전적 변이를 최대한 유지시키는 방향으로 이루어진다. 과학자들은 최소 100년 동안 충분한 유전적 다양성을 유지시키려면 250~500마리로 이루어진 개체군이 필요하다고 본다.

둘째, 공간은 늘 제한적이다. 서식지 외 보전을 위한 종을 선정할 때는 늘 신중한 선택이 필요하다. 이를 위해 국내 동물원, 국외 전문 기관 등과의 풍부한 네트워크 형성은 매우 중요하다. 아직 한계적이지만 수정란의 동결보존기법(frozen storage method) 역시 고려해야 한다. 동물들의 자연 복귀 역시 고려되어야 하는데 여기에는 다음과 같은 조건이 필요하다. 자연으로 보내지는(재도입) 동물이 유전적으로, 행동학적으로 건강한지 파악되어야 하며, 자연 지역에 병원체나 기생충 등이 전파되지 않도록 해야 하고 재도입 후 아종간의 잡종화가 이루어지지 않도록 세심한 배려가 있어야 한다.

동결보존

세포(난자, 정자, 배아)를 초저온 상태에서 보관해 이후 필요할 때 사용할 수 있도록 하는 방법으로, 멸종된 동물의 번식을 위해 최근 연구가 활발하게 진행되고 있다. 동물원에 살고 있는 동물은 번식 행동을 하지 않는 경우가 많아 인공수정에 대한 연구가 필요하다. 동물원이 연구 기능을 충분히 발전시켜야 가능하다.

감금사육

 거의 모든 영역에서 동물의 복지를 저해하는 요소는 감금사육과 연관되어 있다. 종별, 개체별 특성을 인위적인 환경에서 모두 충족시키기 어렵기 때문이다. 이는 야생동물의 감금사육에서 더욱 문제가 된다.

 갇힌 상태에서의 스트레스 요소는 동물의 행동적 요구에 맞는 전형적인 종의 행동을 막는 것들이다. 이 행동적 요구가 무엇인가에 대한 개념은 논쟁의 여지가 있지만 동물복지 관련 법규에서 관리의 기준으로 나타나고 있다. 풍부화(enrichment)라는 개념이 도입되기 전의 인위적 환경은 구조적으로 간단하고 동물의 행동과는 연관이 없는 것들로 채워졌다. 자연스럽지 않은 소리, 향, 시야, 우리 청소로 인한 냄새 영역 표시의 제거, 거친 표면, 미끄러운 바닥타일, 우리의 철망, 부자연스러운 빛 노출 등은 모두 동물에게 환경적 스트레스의 요인이 된다. 단기적 스트레스에서 생리적으로 보면 심박급속증, 글루코오스 대사 증가, 글루코코티코이드 증가로 나타난다. 그런데 이 스트레스가 만성화되면 스트레스 반응의 감소를 위한 뇌의 작용을 파괴하게 되며 시상하부, 뇌하수체, 부산피질의 약화와 면역반응 억제, 성장발육 억제, 체중감소 등을 가져오게 되고 번식행동 감소에도 영향을 미친다. 또한 이상행동을 증가시키고 탐사행동 감소, 행동적 억제 증가, 경계행동 증가를 가져온다.

 감금사육 상태에서 동물의 건강에 영향을 미치는 요소는 다양하다.

 첫째 소음이다. 미국 캘리포니아 북부의 동물원에서 조사한 바에 따르면 평균 70dB의 소음이 발생했는데 이는 관람객에 의한 것, 각종 기계음, 전시장의 물소리 등 원인이 다양했다. 트럭, 폭죽, 에어펌프, 에어컨, 히터, 청소기, 잔디 깎기 등에서도 큰 소음이 발생한다. 이런 소음은 예민한 종에게 영향을 미친다. 생리학적으로 소음은 자동신경시스템의 교감신경의 활동과 연관되어 있으며, 장기적인 소음은 대사 작용을 증가시키며 혈압과 심박수를 상승시킨다. 이것은 장기적으로 번식능력에 영향을 준다. 임신한 동물이 장기적으로 소음에 노출되면 면역 억제를 가져오며, 고통 반응을 보이거나 이상행동을 하거나 탐색활동의 억제를 보이기도 한다. 동물원과 수족관의 소음은 관람객이 많을수록 증가하고 이는 동물의 스트레스 증가로 귀결된다. 사람에게는 잘 들리지 않는 소리도 동물에게는 큰 스트레스로 작용할 수 있다. 프레리도그, 박쥐, 다람쥐, 토끼, 금사연, 돌고래, 범고래, 햄스터, 개, 들쥐 등은 초음파를 감지하는 것으로 알려져 있다. 기린, 코끼리, 화식조, 하마, 코뿔소, 비둘기, 호랑이, 카멜레온, 코뿔소, 악어, 두더지, 프레리도그, 오카피 등은 초저주파 불가청음을 감지할 수 있다. 인위적인 환경에서 발생하는 여러 기계음의 진동은 동물들에게는 지진의 진동만큼 크게 느껴질 수 있다는 의미다.

둘째, 빛 역시 동물복지에 영향을 미친다. 자연적 빛에서 나오는 자외선 중 UVB는 피부에서 비타민 D를 합성하는 데 필요하며 비타민 D는 뼈를 형성하는 칼슘 형성에 매우 필요하다. UVB에 대한 노출이 없다면 동물들은 대사적 질병에 걸리기 쉽다. 동물복지에 영향을 미치는 빛의 요소는 강도와 스펙트럼이다. 보통은 비용 때문에 형광등을 사용하지만 이는 동물에게 필요한 빛의 파장을 충분히 제공하지 못하며 심지어 형광등 빛과 어둠 사이의 대비는 스트레스와 공포까지 유발한다.

이 밖에도 온도와 우리 · 전시관의 재질, 좁은 면적으로 인한 제한된 활동량, 은신처의 부재, 관람객과의 접촉, 생태에 맞지 않는 사회적 무리는 스트레스와 만성적 질병의 원인이 될 수 있다. 감금사육은 동물원에 있어 운명적인 환경적 조건이다. 그러나 어떤 감금사육인지는 중요하다. 동물원이 공적 목표를 정확하게 가지고 동물복지의 기준을 모든 전시관에 갖추도록 예산, 인력, 법적 기준을 갖추도록 하는 것. 그것이 현대 동물원이 풀어야 할 중요한 숙제다.

9.
동물원의 미래

동물원의 새로운 과제, 동물복지

　과학의 발전과 시민의식의 성장은 현대 동물원에 새로운 과제를
부여했다. 파괴되어 가는 생태계와 생물다양성 보전을 위한 전문기
관으로의 역할이다. 세계동물원수족관협회 역시 세계의 동물원과
수족관이 지구의 생물다양성을 보전해야 할 책임을 규정하고 있다.
기존의 동물원은 동물원 내의 번식만을 강조해왔다. 그러나 기준
없는 종 번식은 무분별한 개체 수의 증가를 가져왔고 이는 바로 동
물복지의 저하를 가져왔다. 동물원은 야생 서식지와 생태계 보전을
위한 실질적인 역할을 해야 한다. 그러나 불행하게도 대부분의 동
물원은 아직도 단순한 전시 기능과 오락과 상업적 기능을 담당하고

172

있다. 철창에 갇혀 무료함을 느끼는 동물을 보는 것은 결코 교육적이지 않다. 또한 무분별하고 기준 없이 번식해 늘어난 개체들은 잉여 동물이 되어 이곳저곳으로 팔려가거나 안락사 되기도 한다. 그렇다면 무엇을 해야 할까.

우선 생태계 보전을 위한 동물원의 역할을 위해 제도적, 법적 보완이 필요하다. 동물원의 올바른 기능을 실현하기 위해 나라별로 동물원의 설립과 관리에 관한 법률을 정비할 때 동물복지의 기준을 만들어야 한다. 그리고 이 기준에 따라 법적 기준을 만들어야 한다. 그렇다면 그 기준은 무엇인가?

동물원이 순기능을 제대로 발휘하기 위해서는 다음의 조건을 갖추어야 하며 최소한의 조건을 갖추지 못한 동물원은 규제와 관리의 대상이 되어야 한다. 적어도 아무나 동물원을 만들고 운영할 수 없도록 해야 한다. 또 동물복지의 기본 원칙에 맞는 운영 가이드라인을 만들어야 한다.

동물원 운영 가이드라인

1. 동물이 건강하고 자연스러운 행동을 발현할 수 있도록 충분한 공간과 환경을 제공해야 한다.

각 동물 우리의 면적은 법적 기준을 지키되 명시되지 않은 상태에서도 동물의 생태적 환경에 맞고 충분히 자연스러운 행동을 할 수 있을 정도의 크기를 갖춰야 한다. 또한 동물의 생태에 맞는 온도와 습도를 유지하도록 해야 하며 적정한 실내 공기의 수준을 유지하기 위해 환기시설을 갖추어야 한다.

열대동물에게는 겨울이, 극지방의 동물에게는 여름이 괴로울 수밖에 없다. '살아 있기 때문에 잘 적응하고 있다.'라고만 말한다면 너무 무심한 것이다. 동물의 전시관은 동물의 원래 서식환경, 자연환경에 최대한 맞춰 비슷하게 만들어야 하며 관람객이나 다른 동물들에게 심하게 노출되지 않을 정도의 몸을 숨길 공간을 제공해야 한다. 동물들 역시 다른 종의 시선을 부담스러워한다. 수조는 물속에서 전 생애 혹은 일부를 보내는 동물들의 서식처이기 때문에 수질관리 시스템을 갖추고 주기적으로 검사해야 한다.

2. 동물에게는 위생적이고 균형 잡힌 먹이가 충분히 제공되어야 한다.

동물원과 수족관에는 동물의 영양을 관리하는 직원이 있어야 하며 동물에게 제공되는 먹이와 물은 위생적으로 저장, 조리, 공급되어야 한다. 해당 종의 동물이 요구하는 영양 수준에 따라 제공하되, 개체별 상태, 크기 및 연령을 고려해 적절히 제공되어야 한다. 개체별 영양 요구량을 산정할 때에는 계절이 바뀌는 데에 따른 기온의 변화, 동면, 번식과 같은 동물의 생리적 변화와 수의학적 처치를 고려해야 한다.

동물의 먹이는 야생 상태의 식이 습성에 맞는 먹이가 제공되는 것이 좋으나, 원래 서식지의 먹이를 확보하는 것이 불가능할 경우에는 해당 동물별로 완전 제품으로 시판되는 전용 사료를 주고, 필요할 때에는 다양한 형태의 먹이를 추가로 제공할 수 있다. 이 경우 영양 결핍 또는 과잉이 발생하지 않도록 주의해야 한다.

먹이 주는 방법 역시 다수의 동물이 사육되는 장소에서는 무리 내의 사회적 관계를 고려해 모든 동물이 먹이에 접근할 수 있도록 다양한 장소에 먹이를 두어야 한다. 먹이는 허용된 적절한 먹이만 관리자가 제공해야 하며, 관람객이 가져온 먹이를 동물에게 주도록 해서는 안 된다.

3. 기관별로 상시 근무하는 수의사를 두어야 하며 보유 동물에 대한 수의학적 관리 프로그램을 수립하고, 적절한 수의학적 처치를 제공해야 한다.

모든 동물은 정기적으로 기생충 검사, 혈액 검사를 포함한 질병 예방 관리를 받아야 하며, 전염성 질병의 전파를 막기 위해 필요한 백신을 접종해야 한다. 관리자는 매일 동물의 건강 상태를 관찰하고 점검해야 하며, 아픈 동물의 경우 질병의 경과 등을 관찰한 사항을 기록하고 관리해야 한다. 동물의 질병 예방과 치료를 위해 수의학적 관리에 적절한 시설과 장비를 갖추어야 하며, 다른 동물과 격리되거나 새로 들어온 동물을 검역할 수 있는 적절한 장소가 있어야 한다.

안락사는 회복이 불가능한 동물에게 불필요한 고통을 최소화하기 위해 제한적으로 시행해야 하며, 그 기준과 방법에 대한 명확한 지침이 있어야 한다. 동물이 죽었을 때에는 필요한 경우 부검 등을 실시해 폐사의 원인을 파악하고, 폐사 원인은 기록하고 관리해 다른 동물의 수의학적 관리를 위한 자료로 활용할 수 있도록 한다. 건강한 동물 관리를 위해 소속 직원에게 주기적으로 동물 사육 관리 방법을 교육해 전문성을 높여야 한다.

4. 모든 동물원 및 수족관은 각 동물의 생태적 습성을 고려한 행동 풍부화 프로그램 계획을 수립해 실천해야 한다.

동물 행동 풍부화는 동물원 및 수족관과 같이 제한된 사육 공간에서 사는 동물에게 나타날 수 있는 무료함과 비정상적인 행동 유형을 줄여주고, 최대한 야생 환경에서 보이는 건강하고 자연스러운 행동이 나타날 수 있도록 도움을 주는 모든 활동을 의미한다. 풍부화 프로그램을 계획할 때에는 수의사와 관리자가 함께 참여해야 하며, 동물의 지속적인 관심과 반응을 유도할 수 있도록 새로운 프로그램으로 주기적으로 교체해야 한다. 또한 관람객이 볼 수 없는 내실에서 사육하는 동물에게도 관람 공간에 있는 동물과 같은 수준의 행동 풍부화 프로그램을 제공해야 한다.

5. 모든 동물원과 수족관은 동물 종별 특성을 고려한 훈련 지침을 만들어 계획적이고 반복적으로 긍정적 강화방식의 훈련을 해야 하며, 훈련의 방법은 동물복지에 부합해야 한다.

긍정적 강화 훈련은 먹이와 칭찬 등 긍정적 자극을 통해 동물의 반응이나 행동을 유도하는 훈련 방법으로, 일상적인 관리나 동물 건강검진, 수의학적 처치를 할 때 동물의 불편함을 최소화하고, 동물이 받는 스트레스를 줄이기 위해 실시한다. 동물공연 등 오락적 목적으로 동물의 본래 행동이 아닌 인위적인 행동을 유도하는 훈련을 시켜서는 안 된다.

6. 교육은 생명 존중과 생태계 보전의 중요성이 담겨야 하며, 교육적 목적이라도 그 과정에 동물복지가 침해되어서는 안 된다.

동물원과 수족관은 동물들이 살아가면서 얻게 된 다양한 생존 전략과 능력들을 알리고, 이를 통해 자연과 생명에 대한 존중 의식, 생태계 보전의 중요성을 교육해야 한다.

7. 관람, 체험, 공연을 위해 동물을 사육하는 모든 기관은 보유 동물의 복지와 체계적인 관리를 위해 보전, 연구, 교육, 관람 가치 등을 포함한 자체 종 평가 기준을 기관별로 세워 종 관리 계획을 수립해야 한다.

모든 동물은 동물복지 수준을 높이고 체계적으로 관리할 수 있도록 동물의 혈통, 번식, 의료, 폐사, 거래 내역, 부검 후 폐사 원인 등을 기록하고 관리해야 하며, 개체별로 관리하는 것을 원칙으로 한다. 이를 위해 개체 식별이 가능하도록 해야 하며, 개체 식별 방법은 기관의 상황과 동물의 특성을 고려해 선택하되 반드시 동물에게 불필요한 고통을 주지 않는 인도적인 방법을 사용해야 한다. 동물에 대한 모든 기록은 동물의 생존기간 동안 보관해야 하며, 번식 등 혈통 관리와 종 보전 등을 위해 필요한 자료는 별도의 기간을 정해 동물이 죽은 후에도 방부처리 후 보관, 관리해야 한다.

8. 동물의 거래는 합법적이고 윤리적이어야 하며, 그 과정에서 동물복
지가 저하되어서는 안 된다.

절차상 문제가 없더라도 야생에서 포획된 동물을 들여오는 경우에는 해당 동물의 야생 생태계에 어떠한 영향을 주는지에 대한 여부와 구입처의 적절한 사육 환경 조건 등을 충분히 고려해 도입 여부를 결정해야 한다. 동물을 다른 기관에 임대하거나 교환, 매각하는 경우에는 그 기관의 동물 사육 환경을 사전에 파악해 임대, 교환, 매각으로 인해 동물복지 수준이 저하되지 않도록 해야 한다. 많은 경우 동물원에서 다른 동물원으로 동물을 매각하거나 교환할 때 동물복지 수준이 저하되는 경우가 발생한다. 동물의 이동은 사전에 수의사와 담당 사육사가 충분히 협의해 이동으로 인한 동물의 스트레스를 최소화하고 안전한 방법을 선택해야 한다.

쉼터로서의 동물원

동물원은 자연환경이 아니다. 그곳에서 자연생태계의 다양한 동물들이 자연스럽게 살아가기는 매우 어렵다. 생명이 태어나고 죽는 것이 계획적으로 이루어지지 않기 때문이다. 그러나 동물원에서 최

악의 상황을 막고 최대한 동물이 편안하게 살 수 있도록 해주는 것, 그것이 동물원 동물복지의 원칙이다. 이 세상 어디에도 완벽한 동물원은 없다.

최근 한화 여수 아쿠아리움은 바다거북을 번식하는 데 성공했다. 새롭게 태어난 거북을 바다에 방류도 하고 있다. 바다거북의 연구와 번식 과정에서 수족관 내에서도 논란이 많았다. 연구와 종 보전에는 많은 돈이 들어간다. 정부에서 운영하는 동물원도 아닌데 그 많은 예산을 투여할 수 있느냐는 의문이었다. 그러나 사육사와 수의사의 노력으로 수족관이 나아가야 할 좋은 기능을 성공적으로 수행했다. 수족관은 멸종 위기 해양 동물의 보전과 생태계 보호에 나서야 한다.

청주 동물원은 적은 예산과 인력으로 최근 삵의 인공수정 연구를 하고 있다. 아직까지 우리나라에서 동물원 동물의 인공수정 성공 사례는 없다. 또한 야생동물 구조센터에 구조되어 들어왔으나 장애를 얻어 자연으로 돌아갈 수 없는 독수리를 보호하고, 동물원에 있는 건강한 독수리를 야생으로 방사하는 일을 하고 있다. 야생으로 돌아갈 수 없는 동물을 보호하고, 건강한 동물을 자연으로 돌아가게 해주는 것이 동물원이 해야 할 중요한 역할이다. 이제 막 첫 발자국을 떼었지만 미래의 동물원의 모습을 꿈꿔볼 수 있지 않을까.

청주 동물원의 사례를 통해 동물원이 해야 할 중요한 과제가 생

인도네시아의 오랑우탄 안식처(생츄어리).

겼다. 야생으로 돌아갈 수 없는 동물을 보호하는 곳, 다치고 장애가 생겨 자연으로 갈 수 없는 야생동물이 편하게 지낼 수 있는 곳. 쉼터의 건립이다. 아직 우리나라는 야생동물을 보호할 보호소가 없다. 개인이 키우다 버린 야생동물, 불법으로 키우다 적발되어 압수된 멸종 위기 동물들 그리고 사육곰들. 이들을 위한 보금자리를 만드는 일을 통해 동물원이 학대받고 다친 동물의 쉼터가 되어 줄 수 있지 않을까 기대한다.

동물이 행복해야 우리도 행복할 수 있다 

사람들은 동물을 보면서 스스로 자연생태계의 일원임을 느낄 수 있고 삶의 위안을 얻기도 한다. 대부분의 사람들은 동물을 보면 행복하다고 말한다. 그렇다면 이제 사람들에게 질문해야 할 차례다. 당신들이 동물을 보고 행복했다면 이제 우리가 동물을 행복하게 해줄 때다. 우리 시민의 역할이 필요하다. 좋은 동물원은 동물을 사랑하는 시민들이 만든다. 아이들과 함께 동물원에 가는 부모들은 아이들에게 생태계 보전의 중요성이 무엇인지 가르쳐줘야 한다. 그리고 동물원이 가진 문제점이 있다면 개선을 요구해야 한다. 예산이 필요하다면 예산을 지급하는 기관에 동물원 예산의 필요성을 이야기해줘야 한다. 동물을 학대하고 무리한 공연을 시키고 오락적 체험전을 하고 있다면 항의해야 한다. 나쁜 동물원을 없애야 할 이유는 충분하다. 불행한 동물을 보는 아이들이 말하는 행복은 진정한 행복이 아니다. 동물이 행복해야 우리도 진정 행복할 수 있다.

• 영화

⟨더 코브(The Cove) : 슬픈 돌고래의 진실⟩, 2009년작, 루이 시호요스 감독

⟨블랙피쉬(Blackfish)⟩, 2013년작, 가브리엘라 코우퍼스웨이트 감독

⟨프리 윌리(Free Willy)⟩, 1993년작, 사이먼 윈서 감독

⟨혹성탈출(Planet of the Apes)⟩, 1968년작, 프랭클린 J. 샤프너 감독

• 책

《고등학생의 국내 동물원 평가 보고서》, 최혁준 지음(책공장더불어, 2014).

《동물원 동물은 행복할까?》, 로브 레이들로 지음, 박성실 옮김(책공장더불어, 2012).

《동물원에서 프렌치 키스하기》, 최종욱 지음(반비, 2012).

《동물원의 탄생》, 니겔 로스펠스 지음, 이한중 옮김(지호, 2003).

《우리는 모두 짐승이다》, 로버트 H. 욜켄 · E. 풀러 토리 지음, 박종윤 옮김(이음, 2010).

《의사와 수의사가 만나다》, 바버라 내터슨-호러위츠 · 캐스린 바워스 지음, 이순영 옮김(모멘토, 2017).

• 사이트

www.waza.org
세계동물원수족관협회(World Association of Zoos and Aquariums)

www.aza.org
미국동물원수족관협회(The Association of Zoos and Aquariums)

www.eaza.net
유럽동물원수족관협회(European Association of Zoos and Aquaria)

www.zoocheck.com
Zoocheck, 1984년에 설립된 캐나다 기반의 국제야생동물보호단체

16쪽 wikimedia commons

20쪽 wikimedia commons

24쪽 wikimedia commons

26쪽 ⓒ News Dog Media

33쪽 flickr

44쪽 서울역사아카이브(www.museum.seoul.kr/archive)

61쪽 저자 소장 자료

73쪽 HELLO PHOTO by 연합뉴스

83쪽 wikimedia commons

93쪽 wikimedia commons

102쪽 저자 소장 자료

113쪽 저자 소장 자료

115쪽 저자 소장 자료

125쪽 저자 소장 자료

131쪽 wikimedia commons

139쪽 저자 소장 자료

149쪽 저자 소장 자료

152쪽 저자 소장 자료

181쪽 저자 소장 자료

찾아보기

10대에게 들려주는 동물원 이야기

왜 동물원이 문제일까?

1판 1쇄 인쇄 2026년 1월 2일
1판 1쇄 발행 2026년 1월 20일

—

지은이 전채은

—

펴낸이 백성빈
펴낸곳 반니출판
주소 서울 서초구 서초중앙로 69 806호
전화 02-6204-0491
전자우편 banni@banni.co.kr
출판등록 2025년 10월 13일 (제2025-000266호)

—

ISBN 979-11-24280-01-0 43300

—